新版

授業づくりの教科書

理科実験の教科書

宮内主斗
横須賀篤［編著］

さくら社

はじめに

この本は、好評をいただいた『理科実験の教科書』を 2020 年度から実施の新学習指導要領に対応してバージョンアップしたものです。

初版発行時には、日本初のフルカラーの教育書と言われました。実験の仕方がとてもわかりやすいと評判でした。それだけでなく、数々の工夫された実験が掲載され、教科書の実験の代わりに取り組んでくれた先生方が、たくさんいらっしゃいました。

その発行から８年が過ぎ、学習指導要領も変わりました。

私たちも、提案した実験を少しずつ改良してきました。よりわかりやすく、より成功率を高め、より楽しく、そしてより簡単にできることも考えました。

その結果、一つのねらいに対して、複数の実験が開発されてきました。甲乙つけがたいものがたくさんあったのです。

そこで、今回の本は、その複数の実験を一つに絞るようなことをせず、読者の皆さんに選んでいただく方針にしました。

どうか、予備実験をする際、教科書の実験と本書の実験を見比べながら、どの実験をするかお考えください。

ぜひ、本書の実験を、子どもたちと一緒に楽しんでください。予備実験をしながら写真を撮って原稿を書いていますので、再現率は高いと思います。

実は、水を凍らせる実験はうまくいかなくて、トライ＆エラーを繰り返し、４日くらいかけてやっと原稿にできるレベルの実験になりました。他にも、執筆者同士で追試実験をし、アイディアを出し合い、実験を改良していったものがたくさんあります。インターネットを介して全国から集まった本書の執筆者は、私の誇る研究集団です。

普段の授業で本書が活用され、子どもたちが喜んで取り組み、「なるほど、わかった!」という声が上がることになれば、執筆者としてこれほど嬉しいことはありません。

なお、この本の実験を動画でご覧に入れるオンライン講座を開催予定です。

パスワードは、「rika2020sakura」です。詳しくは、執筆者代表のサイトでご確認ください。

https://sites.google.com/view/miyauti

2020 年 7 月　　　　執筆者代表　宮内主斗

CONTENTS 新版 理科実験の教科書〈6年〉

1章 燃焼のしくみ

2章 動物の体のはたらき

3章 植物の体のはたらき

4章 生き物と環境

5章 月の形と太陽

6章 大地の変化

7章 水溶液

8章 てこのはたらき

9章 電気の利用

10章 理科授業の環境づくり

1章 燃焼のしくみ

◉これだけは押さえたい

- 物が燃える時、何かが出ていくのではなく、酸素が結びつくこと。
- 物が燃え続けるには、物と酸素が必要であること。
- 物が燃えると、物も酸素もなくなり、新しい物質ができること。

◉指導のポイント

- 集気びんの中でろうそくを燃やし、ふたをすると、ろうそくが消えます。なぜ消えるか問うと、空気がなくなった、酸素がなくなった、二酸化炭素ができたからと、子どもは予想します。そこで、この問題を解決しながら、物が燃える時の空気の流れ、空気の成分について調べていきます。
- 酸素、窒素、二酸化炭素という目に見えない気体を扱うため、水上置換を行います。気体の割合を調べるために、気体検知管を使います。費用がかかる教材ですので、代表児童に調べさせてもよいと思います。
- 火を使うには空気が必要という知識は、実生活においても換気の必要性とつながる学習です。

1 集気びんの中でろうそくを燃やす

時間
30分

ろうそくが燃え続ける条件について、問題づくりをします。

ポイント

◉集気びんに燃えているろうそくを入れてふたをすると、ろうそくの火が消えてしまうことから、燃える条件と空気との関わりについて問題づくりをします。

準備するもの

◎集気びん（300mL）◎集気びんのふた（金属性）◎ろうそく◎燃焼さじ（ろうそくを固定できる物）◎マッチ◎燃えさし入れ等

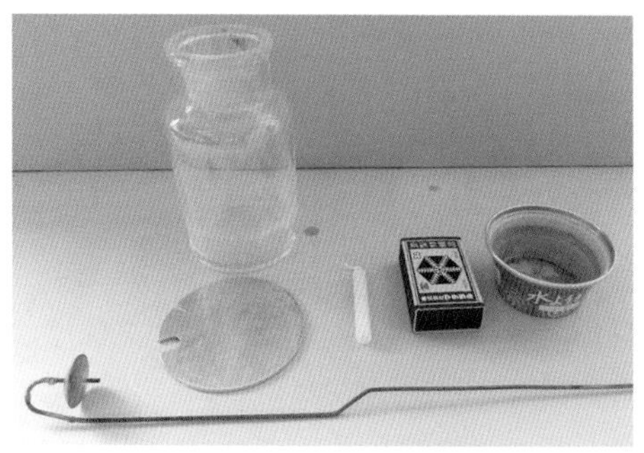

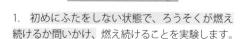

1. 初めにふたをしない状態で、ろうそくが燃え続けるか問いかけ、燃え続けることを実験します。

◆実験に使用するふた

ろうそくが燃えるので、ふたは高温になります。ガラス製のふたは割れることがあるので、使いません。左図の金属製のふたは、燃焼さじや気体検知管を差し込むための切り欠きがあります。ない場合は木材を切って、アルミニウム箔で包めば代用になります。

◆使用するろうそく

百円ショップでは、短めのろうそくがあります。燃焼の実験では、集気びんの大きさにあったろうそくを使いましょう。

2. ふたをした集気びんの中では、ろうそくが燃え続けるか問いかけ、実験します。この時、炎の大きさの変化の様子、何秒くらいで消えるかについて、よく観察させせます。燃える時間は、口で1、2と声をだしながら数えるようにします。

3. 「ろうそくの火は、ふたをしておくと消えるのは、何が変化したからですか」問いかけます。次の時間から、空気の流れやろうそくが消えた後の空気の変化について調べることにします。

◆疑問をもたせるために

- ふたをした集気びんの中で、燃えているろうそくが、どのくらいの時間で消えるか注目して観察させせます。
- ろうそくの火が消えそうな時、ふたを開けると再びよく燃えます。
- 火が消えた後の集気びんに、火がついたろうそくを入れると、すぐに火が消えます。

◆酸素、二酸化炭素の扱い

塾で学んだ児童は、酸素がなくなったから、二酸化炭素ができたから消えたと説明する場合があります。空気の成分と燃え方については、後で勉強すると補足しましょう。

ふたをした集気びんの中で、火は消えてしまいます。空気に何か変化が起きたようです。どんな変化があったのか調べます。

2 空気の流れと燃え続ける条件

ろうそくの火が燃え続ける時は、空気の出入りがあることを学びます。

ポイント

◉「ふただけが開いている、ふたが閉まって底が開いている、ふたが半分開いて底も開いている」の３つの例について、ろうそくの燃え方と空気の流れについて調べます。

準備するもの

◎底なし集気びん◎集気びんのふた（金属性）◎ろうそく◎線香◎粘土◎粘土をおく板◎燃えさし入れ

1. ふたをしていない集気びんの中で、ろうそくを燃やす

①粘土で土台をつくり、中心にろうそくを立てます。

②ろうそくに火をつけたら、集気びんをかぶせます。

③線香の煙を集気びんの縁付近に近づけ、空気の流れを調べます。

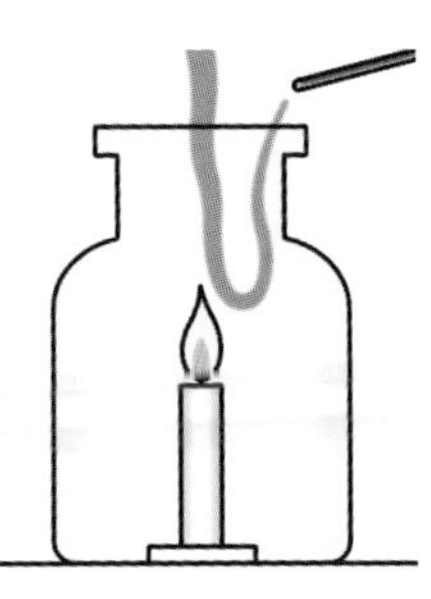

◆空気の流れを調べる

空気の動きは見えないので、見える煙を使います。線香の煙を近づけただけでは、空気の吸い込みはわかりにくいです。集気びんの縁すれすれに、線香をゆっくりと移動させます。

・集気びん開口部の縁では煙が吸い込まれ、炎の周囲で煙が回っています。

・集気びん開口部中心では、煙が立ち上がっています。

2. 集気びんの上が閉まり、底が開いている例

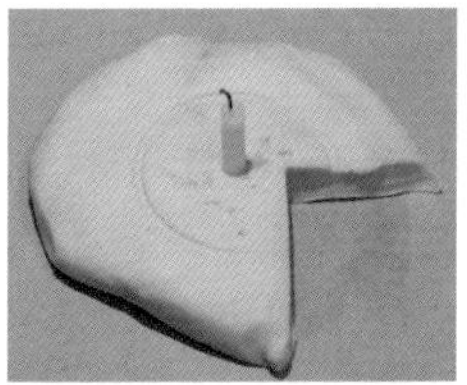

ろうそくは途中で消えてしまい、煙は吸い込まれません。

・粘土でつくった土台の４分の１程度を切り取ります。集気びんに載せるふたは、木片をアルミニウム箔で包んだ物やタイル等を利用します。
・線香の先を、土台の切れ目に近づけ、集気びんの中に入れてはいけません。

3. 集気びんの上が半分開き、底も開いている

ろうそくは燃え続け、煙は下の切れ目から吸い込まれます。ふたの閉め具合により、ろうそくが燃えたり消えたりします。上のふたは半分開けておくことにします。

・土台の切れ込みは、「2」と同じにします。ふたの閉め具合は半分程度とし、線香の先を土台の切れ目と、集気びんの縁に近づけて調べます。

空気の通り道ができていると、ろうそくは燃え続けます。空気の流れは、線香の煙でわかります。

3 二酸化炭素の性質

時間
30分

二酸化炭素の性質を調べます。

ポイント

◉二酸化炭素の捕集の仕方を、まず教科書を利用して説明します。次に児童を集めて、演示しながら説明します。

準備するもの

◎二酸化炭素ボンベ◎石灰水（自分で作るか、購入）◎ろうそく◎燃焼さじ（ろうそくを固定できる物）◎マッチ◎燃えさし入れ◎集気びん◎集気びんのふた（金属性）◎雑巾◎水槽

1.　二酸化炭素を用意する（10分）

①気体は目に見えないので、水で置き換えて捕集します。水槽に水を半分程度入れます。

②集気びんに水を満たしてふたをします。

③水槽に集気びんを逆さに立てて、水中でふたをとります。ふたは水槽に落としておきます。

④二酸化炭素のボンベを利用して、集気びんの８分目まで二酸化炭素を入れます。入れたら、水中で集気びんにふたをして、取り出します。

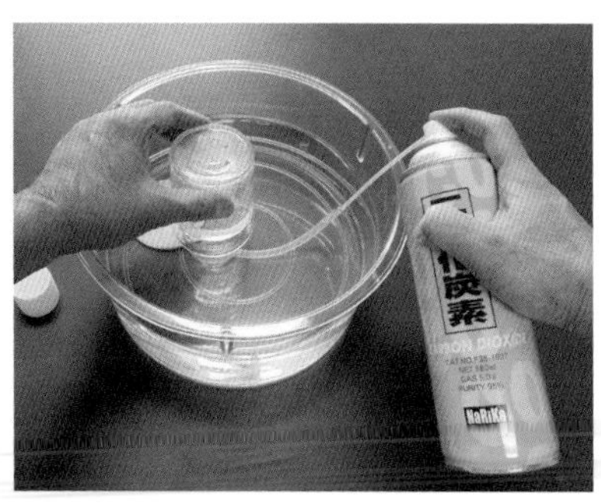

2.　二酸化炭素の中でろうそくが燃えるか調べる（10分）

①燃焼さじにろうそくを立て、マッチで火をつけます。

②集気びんのふたをとり、ろうそくを立てた燃焼さじを集気びんに入れます。集気びんの縁あたりで、火は消えます。消えたらマッチで火をつけ、もう１回調べます。

・ボンベには約４Lの気体が入っています。力一杯ノズルを押すと、大きな泡が出て気体が無駄になります。弱く押してちょろちょろと気体を取り出します。

・集気びんに水を残しておきましょう。溶けたろうが底に付着したり、底にひびが入ったりするのを防ぐためです。

「見た目は空気と同じですが、性質も同じでしょうか」と問いかけて性質を調べます。

・この実験に使うろうそくは、短かめのろうそく（５㎝程度）が適しています。

◆石灰水の作り方

専用容器に水酸化カルシウムを一びん入れ、水道水を満たします。水を注ぐと白濁しますが、

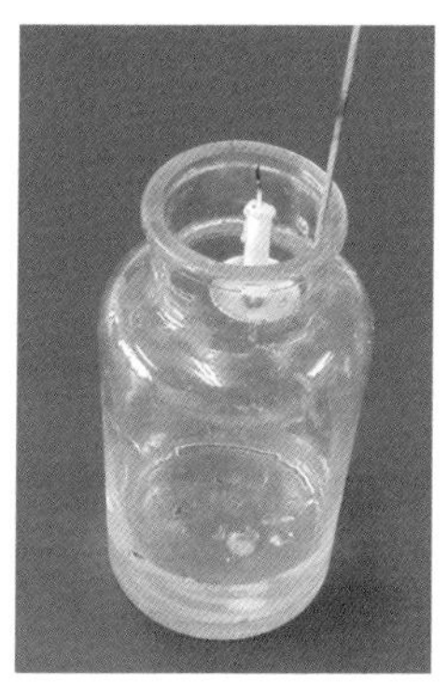

3.　石灰水が白濁することを調べる（10分）

①何も入っていない集気びんを用意します。
②石灰水を深さ１㎝程度入れます。
③ふたを押さえながら集気びんを振り、空気を石灰水に溶かします。変化はありません。
④二酸化炭素を捕集した集気びんに、石灰水を入れます。次にふたを押さえながら振り、二酸化炭素を石灰水に通すと、石灰水が白濁します。

時間がたつと澄んできます。専用容器がない場合は、アルカリ耐性の容器に水酸化カルシウムと水道水を入れて振り、半日程度放置します。石灰は何回か使用すると性質が変わります。石灰水が反応しない時は、水酸化カルシウムを取り替えます。

◆まちがえやすい

石灰水をつくる時に利用するのは水酸化カルシウムです。校庭にラインを引く石灰は、安全上の理由から、炭酸カルシウムという別の物質です。また、石灰石は水に溶けませんので、石灰石を水に入れても、石灰水にはなりません。

二酸化炭素を水の中で集めました。空気のように見えましたが、火を入れると消えてしまいました。また、石灰水が白く濁りました。空気とは別な気体だとわかりました。

4 酸素の性質

時間 1単位時間

酸素の性質を調べます。二酸化炭素との違いも理解させましょう。

ポイント

◉酸素の捕集の仕方を、まず教科書を利用して説明します。次に児童を集めて、演示しながら説明します。

準備するもの

◎酸素ボンベ◎石灰水◎ろうそく◎燃焼さじ（ろうそくを固定できる物）◎マッチ◎燃えさしいれ◎集気びん◎集気びんのふた（金属性）◎水槽◎雑巾

1. 酸素を用意する（10分）

①酸素は目に見えないので、水で置き換えて捕集します。水槽に水を半分程度入れます。

②集気びんに水を満たしてふたをします。

③水槽に集気びんを逆さに立てて、水中でふたをとります。ふたは水槽に落としておきます。

④酸素ボンベを利用して、集気びんの８分目まで酸素を入れます。入れたら、水中で集気びんにふたをして、取り出します。

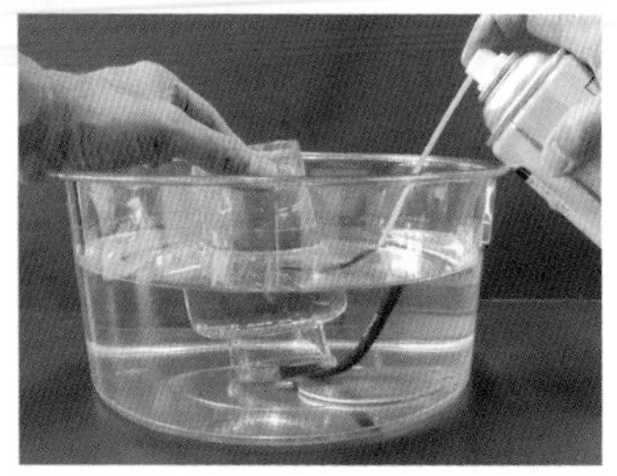

ボンベの白い管にゴム管をつなぎ延長しています。

・ボンベには約４Lの気体が入っています。力一杯ノズルを押すと、大きな泡が出て酸素が無駄になります。弱く押してちょろちょろと酸素を取り出します。

・目に見えない気体を水で置き換える方法が水上置換です。

・集気びんに気体を捕集するとき、酸素の場合は、水を必ず残しておきます。ろうそくが高い温度で燃えると、ろうが溶け落ちて、底に付着したり、ガラスの底にひびが入るのを防ぐためです。

2. 酸素の中でろうそくを燃やす（10分）

①燃焼さじにろうそくを立て、マッチで火をつけます。

②集気びんのふたをとり、ろうそくを集気びんに入れます。集気びんに入れると、ろうそくは明るく、長い時間燃えます。ろうそくの縁を見ると、高温で溶けたろうが観察できます。

3. 石灰水は白く濁るか（10分）

「酸素を満たした集気びんに石灰水を入れて振ると、白く濁ると思いますか」。と問いかけ、演示します。

過酸化水素水を利用して、酸素を捕集する

うすめた過酸化水素水が手に触れたら、すぐに水洗いをさせます。

ガラス管に貼りつけた二酸化マンガン

- この実験をすると、石灰水が二酸化炭素だけに反応することが明確になります。

◆実験のポイント

- ろうそくが高い温度で燃えるため、ガラスのふたでは割れることがあります。金属のふたか、木片にアルミニウム箔で包んだふたを使います。
- 過酸化水素水は濃いので、過酸化水素水１：水５の比率でうすめます。うすめる時は手袋を使います。二酸化マンガンの粉末を木工ボンドで、ガラス管に５㎝程度付着させます。実験後、取り出せば再利用できます。必ず前日までに用意し、ボンドが乾いてから利用します。
- １回につき、30mLくらいを入れると、集気びん１本分の酸素が捕集できます。

酸素を水の中で集めました。火がついたろうそくを入れると、空気中より、明るく燃えました。酸素は石灰水を濁らせないこともわかりました。

5 窒素の性質

時間 30分

窒素の性質を調べます。酸素、二酸化炭素との違い、共通点も触れましょう。

ポイント

◉窒素の捕集の仕方を、まず教科書を利用して説明し、次に児童を集め演示します。

準備するもの

◎窒素ボンベ◎石灰水◎ろうそく◎燃焼さじ（ろうそくを固定できる物）◎マッチ◎燃えさし入れ◎集気びん◎集気びんのふた（金属性）◎水槽◎雑巾

1. 窒素を用意する（10分）

①窒素は目に見えないので、水で置き換えて捕集します。水槽に水を半分程度入れます。

②集気びんに水を満たしてふたをします。

③水槽に集気びんを逆さに立てて、水中でふたを取ります。ふたは水槽に落としておきます。

④窒素ボンベを利用して、集気びんの８分目まで窒素を入れます。入れたら、水中で集気びんにふたをして、取り出します。

◆気体ボンベの使い方

・ボンベは約４Lの気体が入っています。力一杯ノズルを押すと、大きな泡が出て窒素が無駄になります。弱く押してちょろちょろと窒素を取り出します。

・目に見えない気体を水で置き換える方法が水上置換です。

・集気びんに気体を捕集する時は、水を必ず残しておきます。ろうが溶け落ちて、底に付着するのを防ぐためです。

・前項のように、既習の酸素、二酸化炭素と比較しながら、窒素の性質を実験します。

2.　窒素の中でろうそくは燃えるか（10分）

①燃焼さじにろうそくを立て、マッチで火をつけます。

②集気びんのふたをとり、ろうそくを集気びんにゆっくりと入れます。ろうそくの炎は集気びんの縁で消えます。

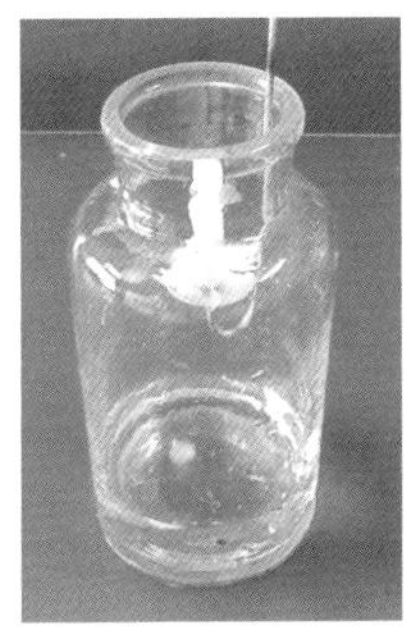

3.　石灰水は白く濁るか（10分）

「窒素を満たした集気びんに石灰水を入れて振ると、白く濁ると思いますか」と問いかけ、演示します。

◇空気の成分

この実験で、空気中の３つの主な気体を調べることができました。空気は酸素が５分の１、窒素が５分の４、そしてわずかですが二酸化炭素が含まれていることを紹介します。

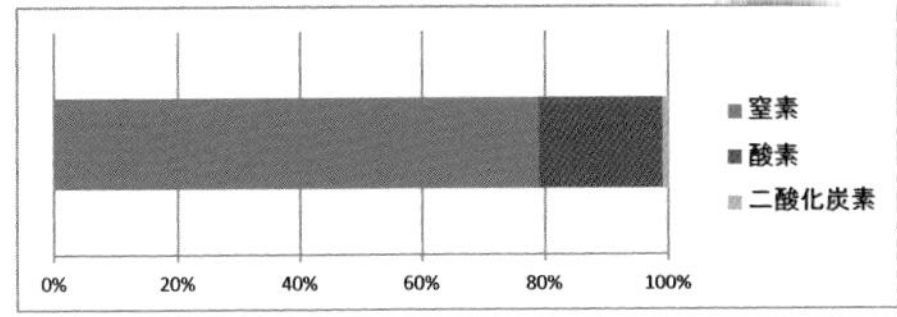

◆実験のポイント

二酸化炭素の実験と同じように、集気びんの縁に近づくと火は消えます。１度だけではなく、何回か実験させましょう。

・石灰水の実験をすると、二酸化炭素と同じ気体なら石灰水が濁り、ちがう気体ならば濁らないことがはっきりします。

◆窒素は不要な気体？

油を使ったお菓子は酸化しないように、窒素が充填されている物もあります。昔の宇宙船の室内は酸素100%だったので、電線がショートしただけで、大きな火災につながりました。現在の宇宙船の室内は、地上と同じように窒素を含んだ空気になっています。

窒素を水の中で集めました。空気のように見えましたが、火を入れると、二酸化炭素のように消えました。火は消えましたが、石灰水は濁らないので、空気や二酸化炭素とは別の気体だということがわかります。

6 気体検知管を使う

時間
1単位時間

「火が消えてしまった気体に、酸素は含まれているでしょうか」
この問いを調べるために気体検知管を利用して調べます。

ポイント

◉火が消えてしまった気体には、酸素は含まれているか問いかけます。この疑問を調べるために気体検知管を利用します。酸素は全くない、少しは残っている等、子どもたちは考えます。

準備するもの

◎燃焼さじ(ろうそくを固定できる物)◎ろうそく◎マッチ◎燃えさし入れ◎集気びん◎集気びんのふた(金属性)◎気体採取器◎気体検知管◎チップカッター

1. 燃焼前後の気体を調べる
①集気びんとふたを用意します。
②ろうそくを燃やす前の酸素と二酸化炭素を調べます。

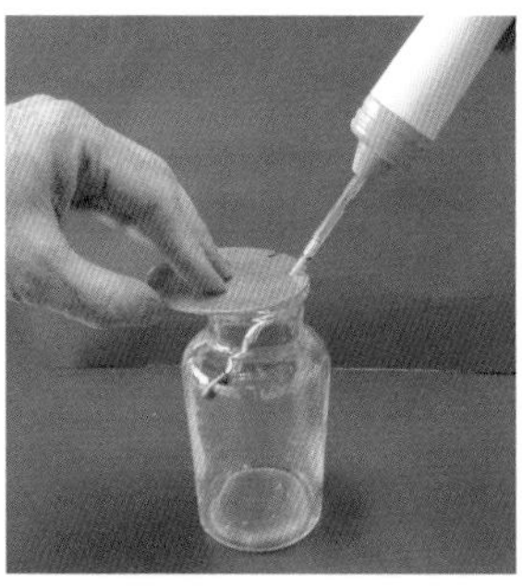

③火のついたろうそくを集気びんに入れたら、ふたをします。燃え終わったら、ろうそくを取り出しますが、ふたはしておきます。

◆大きな集気びんがない時は

集気びんは大きさが２種類あります。気体検知管を使うと、内部の空気が吸い込まれ、外気が入ってくるので、大型の集気びんが適しています。大き目の集気びんがない時は、２本の集気びんを用意して酸素と二酸化炭素を別々に調べるとばらつきが少なくなります。

◆気体検知管の取り扱い方

初めて使う器具です。まず教科書を利用して説明し、次に教科書を見ながら、児童に操作をさせます。

④燃えた後の空気の成分を、酸素、二酸化炭素の順番で調べます。

2. 検知管の両端を折り取る

①チップホルダの溝に検知管の先端を入れ、検知管を回転させて内部のやすりで傷をつけます。溝に沿って検知管を倒し、検知管の先端を、両側それぞれ折り取ります。

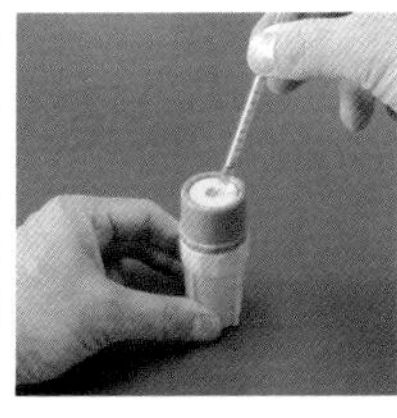

②折り取った検知管の「G⇒マーク」側の先端には、カバーゴムを取りつけます。検知管の「G⇒マーク」の矢印を気体採取器に向けて、検知管取りつけ口に差し込みます。

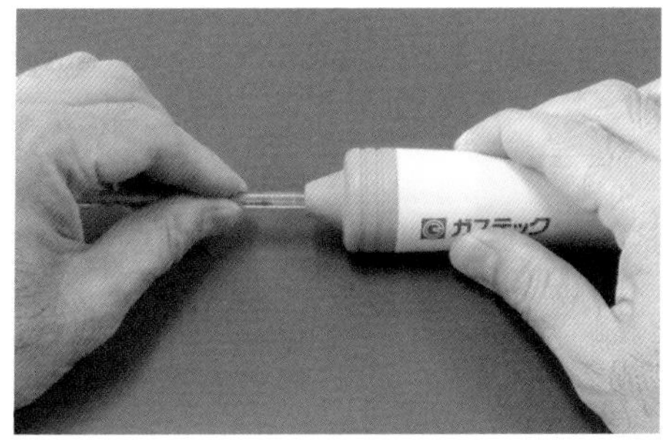

③ハンドルが押し込まれた状態で、２カ所の赤色のガイドマークを合わせます。

④集気びんに検知管を差し込み、ハンドルを一気に引きます。ロックされるのでハンドルから手を放し指定された時間、気体を採取します。

⑤目盛りから気体の割合を読み取ります。読み取ったら、ハンドルのロックをはずしておきます。

◆ここがポイント

- 検知管には気体を吸い込む側と採取器に差し込む側があります。検知管に示された記号を見て正しい方向に取りつけます。
- 検知管は差し込む側の端を持って、採取器に差し込みます。差し込みが緩いと、測定途中で検知管がはずれることがあります。
- ハンドルを引いてすぐに、検知管を抜き去ると、正しい測定ができません。気体採取をする間は、ふたを押さえる係と採取器を操作する係を分担します。

◆目盛りの読み取り

変色した部分と変色しない部分の境界線で読み取ります。境目がはっきりしない時は、徐々にうすくなる中間で読み取ります。

集気びんの中でろうそくを燃やすと、酸素は少なくなり、二酸化炭素は増えることがわかりました。酸素が残っていても、ろうそくは消えてしまいます。

7 デジタル酸素メーター を使う

時間 20分

酸素メーターを利用して、燃焼前後の気体の割合を調べます。

ポイント

◉**気体検知管は１回しか利用できません。デジタル酸素濃度チェッカーを利用すれば、連続的に変化を調べたり、何回でも調べたりすることができます。**

準備するもの

◎燃焼さじ（ろうそくを固定できる物）◎ろうそく◎マッチ◎燃えさし入れ◎集気びん（500mL）◎集気びんのふた（金属性）◎デジタル酸素濃度チェッカー（ヤガミＹＤＣ-O2）

【チェッカーの概観】

センサプローブ、本体、センサ保持器具から構成されます。

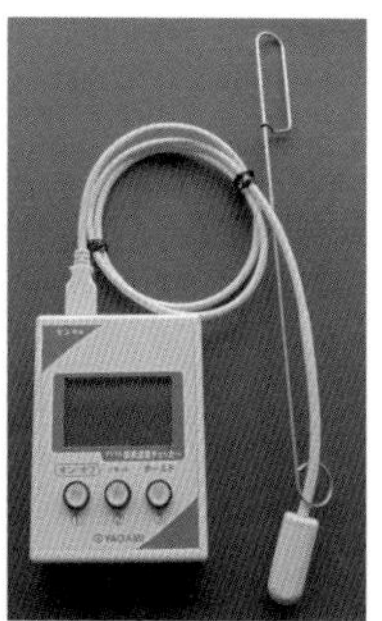

【チェッカーの準備】

・センサプローブに空気亜鉛電池、本体に電池をセットしたら、センサプローブと本体を接続します。
・電源を入れると、自動的にセンサの初期化が行われます。初期化は酸素濃度を測定可能な状態にするための準備です。初期化には６～８分程度かかります。
・初期化が終了すると、液晶画面に「酸素濃度21.0%」と表示され、測定可能になります。

1. 燃焼前後の気体を調べる

集気びんに火をつけたろうそくを入れます。燃え終わった後の酸素の濃度を調べます。

◆酸素センサの原理と寿命

・空気亜鉛電池は酸素と反応して、起電圧が発生します。酸素濃度により起電圧が変わるため、酸素濃度がわかります。ただし、寿命が約１日と限られています（液晶画面に「センサ用空気電池を交換してください」と表示されるまで使用できます）。

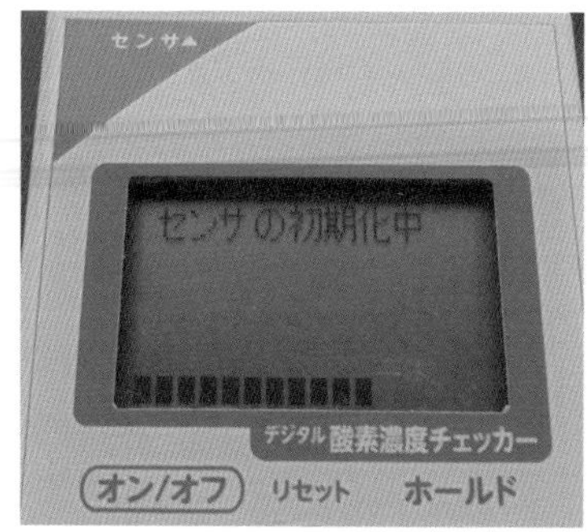

酸素センサのセット画面

①燃やす前の酸素の濃度を確認します。20.8%と表示されました。

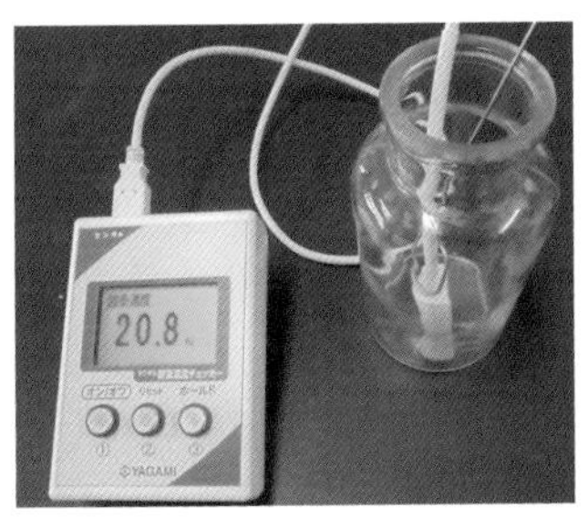

②集気びんの中でろうそくを燃やします。消えたら、センサプローブを集気びんの中に入れて、酸素濃度を調べます。

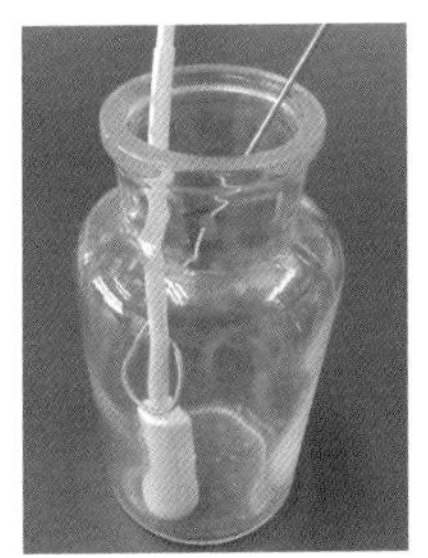

2. 連続して酸素濃度を調べる

ろうそくの火にセンサプローブがあたらないように、センサプローブは火より下にします。ろうそくの火の直上は高温になるので、センサプローブはろうそくの火の真横、もしくは火より下方にします。

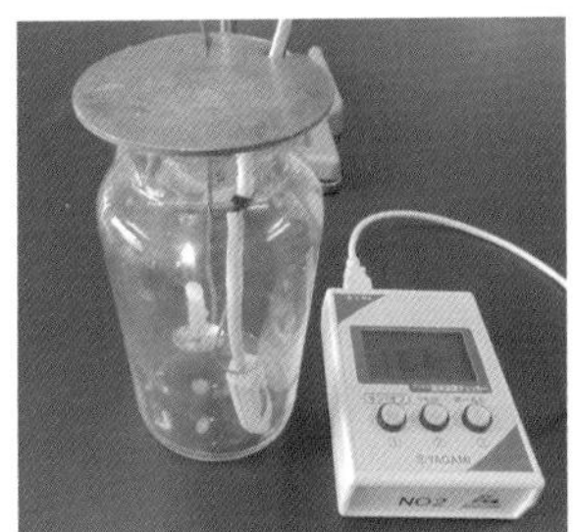

◆酸素センサのリセット

センサの特徴として何回か測定すると、空気中に戻しても21%を示さないことがあります。この時は、リセットボタンを利用して、酸素濃度を21％にリセットします。

- ろうそくの火が消えた瞬間にホールドボタンを押せば、火が消えた時の酸素濃度を確かめることができます。リセットは、１～２分程度です。
- 容量500 mLの集気びんで、ろうそくを燃やした時の酸素濃度変化例。20.8 %から18.4 %。

やってはいけない

STOP

■酸素センサを濡らすこと

空気に触れるように、酸素センサには穴があいています。この穴を塞がないようにします。

酸素センサは空気亜鉛電池が入っています。濡らしてしまうと、内部の部品が傷みます。濡らさないように注意します。

8 混合気体

時間
教師実験で
5分

二酸化炭素は火を消すのではなく、物を燃やすはたらきがないとわかるために、この実験をします。

ポイント

◉二酸化炭素があっても、酸素があれば物が燃えます。
◉酸素の割合が空気より大きければ、明るく燃えます。

準備するもの

◎集気びん◎集気びんのふた（金属性）◎燃焼さじ（ろうそくが固定できる物）◎ろうそく◎マッチ◎水槽◎酸素ボンベ◎二酸化炭素ボンベ

集気びんには、工作用紙などで目盛りを貼りつけておくと便利です。

集気びんに酸素と二酸化炭素が１：１の割合になるように水上置換法で入れます。

ふたをして、残った水と一緒に振り混ぜ、酸素と二酸化炭素をよく混ぜます。

「この中にろうそくの火を入れると、どうなるか。明るく燃える、普通に燃える、暗く燃える、消える」

子どもたちに予想とその理由を書かせます。

・酸素が入っているから、明るく燃える。
・酸素も二酸化炭素も入っているので、普通に燃える。
・二酸化炭素は火を消すので、酸素が入っていても明るく燃えず、暗く燃える。

比較のために、空気の入った集気びんにろうそくの火を入れて見せます。「これが普通に燃える」という状態であることを示します。

混合気体の方で試すと、空気中よりも明るく燃えるのがわかります。実際に見ると色が白っぽく明るく見えます。
教科書を開いて、「二酸化炭素は火を消すのではなく、物を燃やすはたらきがないと書かれているわけがわかったかな」と問いかけて学習のまとめを書かせます。

・二酸化炭素は火を消すので、酸素があっても消えてしまう。

子どもたちが素朴に思う「二酸化炭素は火を消す」という仮説を引き出します。

教師実験で、確かめます。

最初に空気の入っている集気びんにろうそくの火を入れ、比較の対象にします。

集気びんのふたを開け、ろうそくの火を素早く入れると、明るく燃えます。２回ぐらい繰り返すと、見逃した子もハッキリわかります。

「二酸化炭素は火を消すはずだと思っていた。でも、二酸化炭素は火を燃やさないだけで、酸素のはたらきがそのまま出るのかなと思った。二酸化炭素は物を燃やすはたらきがないとは、こういうことかと思った」

このように考えられるようになることを期待します。

酸素50%、二酸化炭素50%の混じった気体の中にろうそくの火を入れたら、空気の中よりも明るく燃えました。

9 空気をつくる

時間
1単位時間

空気は、体積比で窒素４：酸素１の混合気体です。窒素と酸素の混合気体が空気と同じ性質を示すのか確かめ、空気の組成を実感します。

ポイント

◉空気がどんな気体でできているか、教科書を読むだけでなく、実験を通して学べます。

準備するもの

◎印をつけた集気びん◎集気びんのふた◎水槽◎窒素ボンベ◎酸素ボンベ◎ろうそく◎燃焼さじ（ろうそくを固定できる物）◎マッチ

【事前の準備】

集気びんは300mLのものと約500mLのものが一般的です。メスシリンダーでその容量の10分の１の水を入れ、水面に油性ペンで印をつけます。これを10回繰り返します。

10分の10入れても満杯にならないときは、印をつけておきます。

◆質問をする

あらかじめ体積比を調整しておいた集気びん３つを見せます。

1）窒素50%　酸素50%

2）窒素80%　酸素20%

3）窒素90%　酸素10%

空気は窒素と酸素との混合気体であることを教え、どの割合であるか質問します。

根拠は十分にありませんから、意見を交流したあと児童実験で確かめます。

酸素50%にするには５目盛り分酸素を入れ、残りの５目盛り分窒素を入れます。

【ポイント】

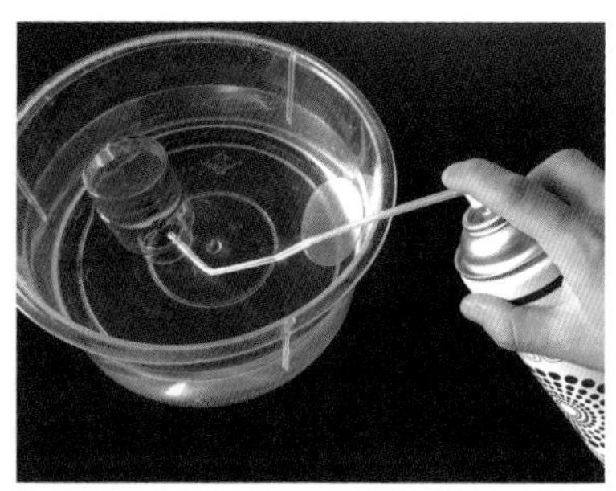

水上置換法で目盛りまで気体を集めます。

子どもはノズルを強く押しがちです。本番の実験の前に水上置換法の練習をさせましょう。
練習をするには空気を押し込める缶を用意すると便利です。
空気を押し込める缶を自作することもできますが、教材会社で購入することもできます（例：ケニス「空気の重さ測定器」）。

◆実験をする

それぞれ、つくった混合気体に火がついたロウソクを入れると、火の様子が変わります。
1）の気体に入れると、空気中より明るく燃えます。
2）の気体に入れると、空気中と同じように燃えます。
3）の気体に入れると、火は消えてしまいます。

◆結果を記録する

各班の結果を確認します。空気中と同じ燃え方をした2）の気体が空気と同じ割合である事から、空気は窒素80％　酸素20％が混ざった気体である事を教えます。

実験でしたことや見たこと、わかったことをノートに記録させます。

「質問２）」の気体に火を入れると空気中と同じ燃え方をしました。窒素80％　酸素20％の気体で空気ができていることがわかりました。

10 木から炭素を取り出す

時間
20分
（いろいろな炭づくりも加えて1単位時間）

木を燃やすと二酸化炭素が出るのは、炭素が入っているからです。
割り箸を蒸し焼きにして炭（炭素）を取り出して確かめましょう。

ポイント

◉割り箸は５cmほどに切って試験管に入れます。ガスコンロで強熱するので、１カ所にまとめて入れます。

準備するもの

◎試験管◎割り箸◎軍手◎金属の皿（アルミニウム箔）◎スタンド◎ピンセット◎実験用ガスコンロ（ガスバーナー）

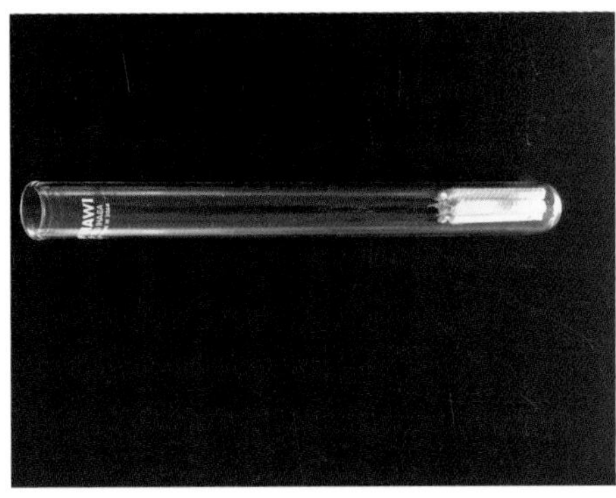

試験管の口は低く設置し、出てきた木タールをアルミ皿などで受けます。

◆加熱する

高い温度で加熱した方がよい炭ができます。小学校で使用される実験用コンロでも十分です。ガスバーナーだと、青い炎（少し「ゴーッ」と音がするくらい空気を入れる）になるように調整し、割り箸の部分を加熱します。

◆煙が出なくなったら加熱をやめる

加熱すると木が熱分解し、可燃性の木ガスや木タール（木が分解されてできた成分や水）が発生します。木タールで試験管が割れないように、試験管の口は少し低く傾けておきます。

木ガスは臭うので、ガスマッ

チ等で木ガスに火をつけておくと匂いが軽減されます。

木ガスが出なくなったら加熱をやめます。

木タールが垂れることがあるので、金属の皿やアルミニウム箔の上で炭を取り出します。軍手をはめ、ピンセットで取り出します。

使用した試験管の汚れは洗っても落ちません。炭づくり専用に使いましょう。

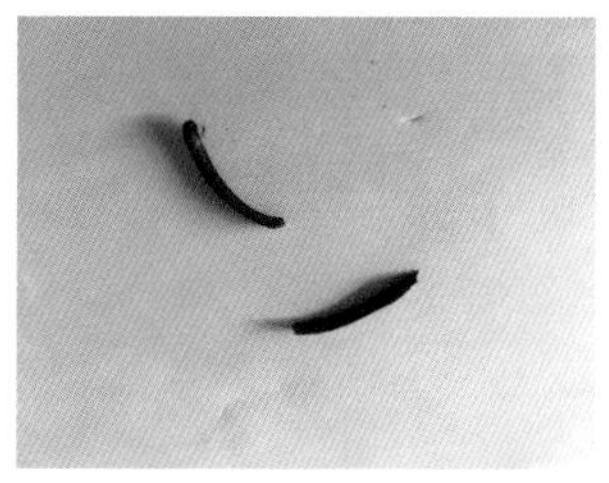

できた炭。机に落としてみて、金属のような高い音が出る炭は「12　木炭を燃やして二酸化炭素をつくる」に使用することで、炭素と酸素だから二酸化炭素が発生するという学習ができます。

いろいろな炭づくり

【準備する物】

◎空き缶◎ピンセット◎アルミニウム箔
◎実験用ガスコンロ

水分が少ない木の実や紙等を使って、面白い形の炭をつくることもできます。

空き缶に炭をつくる材料を入れます。アルミニウム箔でふたをし、ピンセットで5mmほどの穴を開けます。10分ほど加熱する（写真左）と、元の形のままの炭（写真右）ができます。

1度に複数実験を行う際は、換気を行いましょう。

やってはいけない

加熱後の試験管を冷ますため、水をつけたり濡れ雑巾を載せたりしてはいけません。ガラスが割れる危険があります。

11 ブタンの燃焼

時間
1単位時間

ブタンを材料にして、物が燃えることと酸素の関わりを確認します。

ポイント

◉今までに学習したまとめとして、物が燃えるには酸素が必要なことを理解させます。

準備するもの

◎集気びん◎集気びんのふた（金属製）◎水槽◎燃焼さじ（ろうそくを固定できる物）◎ろうそく◎マッチ◎ブタンガスボンベ◎細いビニール管（水槽用エアポンプに使うもの30cm）

【実験】

1. ブタンガスボンベのノズルにビニール管をさして、気体を取り出す準備をする

2. 水上置換法で集気びんにブタンを捕集する

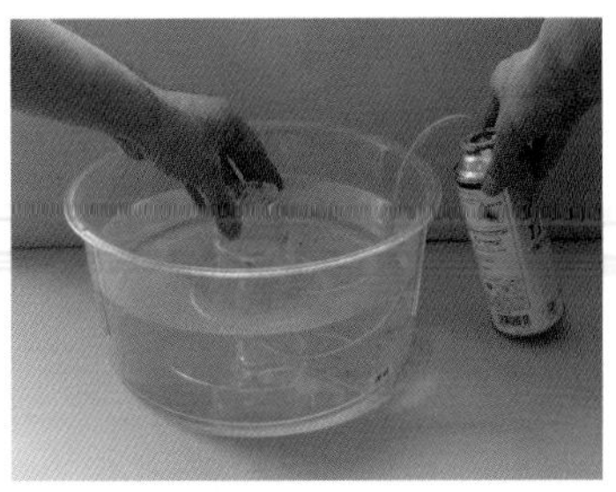

3. 燃え方を予想する

集気びんの口に火を近づけたらどんな燃え方をするか、予想させます。集気びんの中から火が立ち上がる等。

◆学習のポイント

1) 教師実験として行い、児童にはさせません。
2) 集気びんにブタンを満たす際に、空気が混じらないようにします。
3) ろうそくの出し入れは、ゆっくり行います。

◆ブタンを集める

水を満たした集気びんを逆さにしてからビニール管の先を差し込み、ボンベに差した管をつまんで押し込むようにするとブタンが出てきます。集気びんに水が約１cm残るくらいブタンを捕集したら、水中でふたをして、集気びんを取り出します。

・燃焼さじは、持ち手の上部を90度に曲げておきます。火の

4.　ろうそくの火で点火する

5.　ふたで消火する

6.　ブタンの中で、ろうそくは燃えるか

ろうそくの火は消えています。

真上に手がいかないので火傷を防ぐことができます。

◆ろうそくの火で点火する

集気びんの口に灯したろうそくを近づけると、縁にそって火があがります。消火する時は、集気びんの口にふたをします。空気に触れた部分だけが燃えます。

◆ろうそくはブタンの中で燃え続けるか

燃えているろうそくを、集気びんの中央に入れたら、燃え続けるか予想させます。ブタンの中には酸素がないので、火が消えてしまいます。

ブタンは、空気に触れた部分が燃えます。ブタン内部ではろうそくは燃えません。酸素がないからです。

やってはいけない

必ず教師実験とします。火の位置が半分にきたら火を消しましょう。酸素と混じると爆発することがあります。

12

木炭を燃やして二酸化炭素をつくる

時間
10分
（温度が下がるのを待つと20分）

酸素中で木炭を燃やすと、二酸化炭素ができることがわかります。
木炭の炭素と気体の酸素が結びついて気体の二酸化炭素になります。

ポイント

◉使用する木炭は落とした時に金属のような高い音がする物を使います。反応後に灰が残りにくいです。

準備するもの

◎乾留でつくった木炭3cmほど（前項⑩でつくった炭）◎丸底フラスコ（500mL）◎ゴム風船◎ガラス管を通したゴム栓◎実験用ガスコンロ（ガスバーナー）◎酸素ボンベ◎石灰水◎エナメル線（風船をガラス管にしばる際に使用）

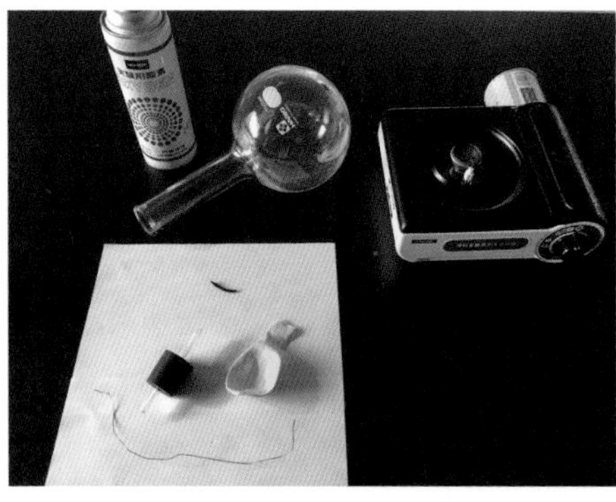

加熱している様子。風船をつけたガラス管つきのゴム栓を使うのは、温度が上がった気体が膨張してゴム栓がはずれたりフラスコが割れたりするのを防ぐためです。

◆フラスコに木炭と酸素を入れる

フラスコに木炭を入れます。酸素ボンベから酸素を吹き込みます。口を風船つきのゴム栓でふたをします（風船はふくらみやすいように、前もって1度ふくらませたものを使います）。

◆ガスコンロで加熱する

フラスコの外から木炭を加熱します。ガスコンロの火力は最大にして、フラスコが火に当たるようにします。

明るく光りながら燃えます。フラスコを振り、酸素と結びつきやすくします。反応が終わると、反応前は見えていた木炭が見えなくなっています。反応直

同じ場所を加熱し続けると、ガラスが膨張して割れてしまうことがあります。底をまんべんなく加熱し温度を上げた後、炭素の部分を直接火に当てて集中的に加熱しましょう。

木炭が燃える様子。反応が始まると、反応熱でさらに反応が進むので加熱はやめます。

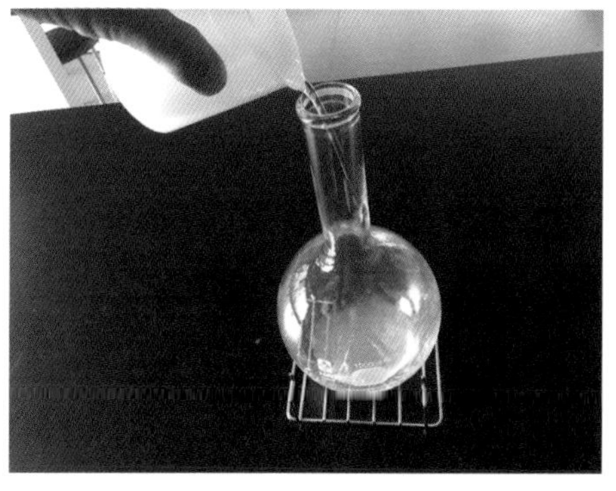

温度が下がるまで時間が必要なら、実験の様子や結果をノートに書いて待ちます。十分に温度が下がったら石灰水を入れます。

後はガラスが熱いので、温度が下がるのを待ちます（事前に反応させた別のフラスコを用意しておくとスムーズです）。

◆石灰水による確かめ

二酸化炭素があるかどうか調べるために石灰水を入れると白く濁ります。

このことから、木炭が燃えると木炭の炭素と酸素が結びつき、気体の二酸化炭素ができることを教えます。

※この実験は教師実験とします。

やってはいけない

反応が終わってすぐに石灰水を入れてはいけません。フラスコが熱いため急激に温度が下がり、ガラスが割れてしまいます。

13 金属（1）

時間 1単位時間

金属には見ただけでわかる明確な共通の特徴があります。
それがわかって初めて、水溶液で金属の変化も実感できます。

ポイント

◉金属は光っています。
◉金属は電気を通します。

準備するもの

◎金属数種類◎紙やすり◎豆電球
◎乾電池◎実物投影機

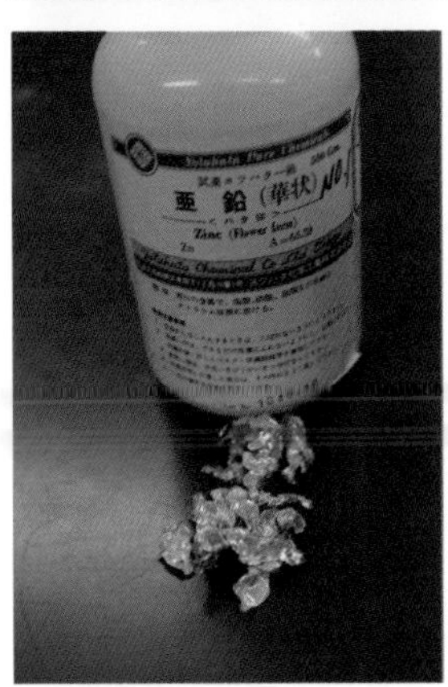

アルミニウムと銅、亜鉛等、薬品庫等にある金属を準備します。
児童に提示する順は、まず、金属の板を2、3枚。その後に銅、アルミニウム箔と続けるのがよいです。
アルミニウム箔もピカピカな鏡のように光ります。
金属が小さくて見にくい場合には、実物投影機を使います。必ず光っていることが見てわかるように提示します。

◆これは金属ですか

金属板を１種類ずつ見せながら、金属かどうかを尋ねます。

「これが金属だと思ったら、手を挙げましょう」。

手を挙げたのを確認したら、「これは、○○という金属です。次に、これは金属でしょうか」と、次々に見せていきます。説明はしません。

５～６種類見せていくうちに、大方の子は金属かどうか判断できてきます。そこで問います。

「実験もせずに見ただけで判断できるのは、金属にどんな共通の性質があるからでしょう」

ノートに書かせると、子どもは苦戦するようです。

それでも、ピカピカ光るというような意見に落ち着くでしょ

金属を電池と導線の間につないで実験。

すべての金属(気体を除く)には必ず金属光沢があり、電気を通します。「ピカピカビリビリ」と定式化するとよいでしょう。

うから、それは「金属は光る(金属光沢)」と教えます。

◆金属と電気の関係

次に金属と電気の関係を調べます。

「すべての金属は電気を通すか、例外があるか」と問いかけます。例外があるという子には、どの金属が怪しいか聞いてみましょう。

その後、学校にある金属光沢のあるものを、片っ端から試してみましょう。

写真のように実験してみると、どの金属も電気を通すことがわかります。

スチール缶は、鉄なのに電気を通しません。紙やすりで磨いて金属光沢の面を出すと、そこは電気を通します。

使った金属は回収し、元の入れ物に入れます。

やってはいけない

■さびている金属を見せること

子どもに提示する前に、紙やすりでピカピカに磨いて金属光沢を見せましょう。

14 金属（2）

時間 1単位時間

金属には延展性があります。塩化アルミニウム等にはありません。
この学習も、金属が変化したことにつながります。

ポイント

◉金属には金属光沢があります。
◉金属は電気を通します。
◉金属には延性・展性があります。

準備するもの

◎スチールウール◎金づち◎座金（金床）◎銅線◎雑巾◎フェライト磁石◎豆電球◎乾電池◎安全眼鏡

座金の上でスチールウールをたたきます。

細い鉄の線が平べったくなります。

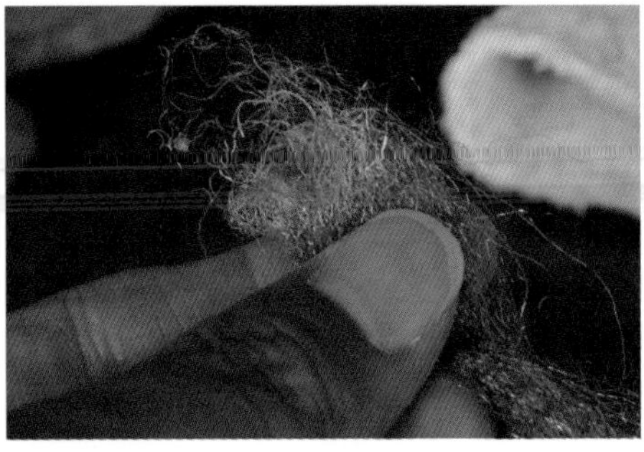

金属はたたいても粉状になりません。

◆金属は平たくなるか

「金属をたたくとどうなるか、スチールウールをたたいてみましょう」

雑巾を敷き、その上に座金を置きます。その上にスチールウールを載せてたたきます。すると、細い線のスチールウールが、だんだん平べったくなってきます。

たたく実験は、物が飛び散る危険性を予告して行います。

「金属は、すべて平べったくなるだろうか。銅で試そう」

銅線もやはり、平べったくなっていきます。

「この性質を展性といいます。金属は、ピカピカビリビリ、そしてヒラヒラです。銅線を両側から引くと、わずかに長く延び

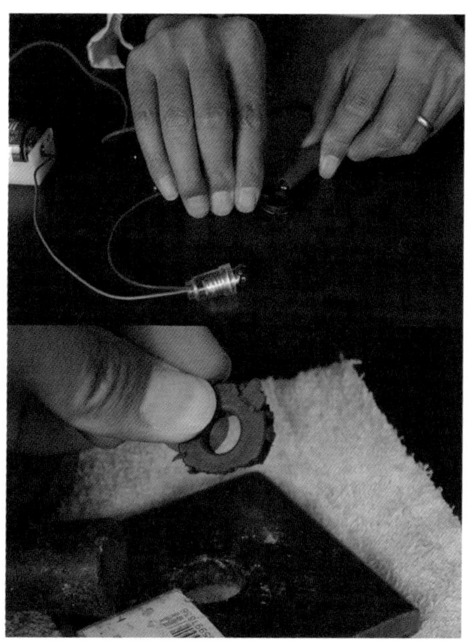

フェライト磁石はたたくと割れます。

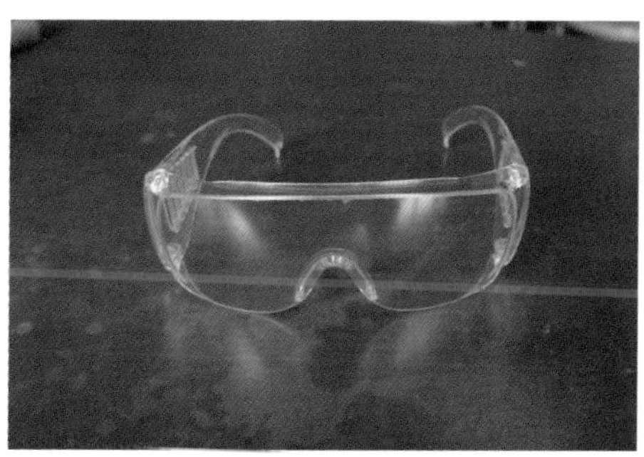

たたく実験の時には、安全眼鏡着用。

※座金の代わりに金床を使用してもよいですが、金づちを使用しないでください。同じ硬さの物同士をぶつけると壊れることがあります。

ます。これを延性と言います」

ここまでわかったところで、フェライト磁石を提示します。

◆金属か確かめる

「この磁石が、金属かどうかを確かめるには、どうすればよいだろう」と問います。

「鉄につくのだから、金属ではないか」「金属光沢がないから金属ではない」というつぶやきが出ます。そして、電気と延性・展性で確かめることに気付いていきます。

通電は豆電球で確かめることができます。これは、教師実験で時間の節約をします。

結果は通しません。フェライト磁石の酸化鉄は金属ではないからです。

金属を酸性の水溶液に入れた時も、金属光沢は失われ、電気も通さず、延性・展性もなくなります。つまり、金属ではなくなる変化が起きているのです。

やってはいけない

終わりの時間を明示しない実験はだめです。たたいて伸ばす実験は、「５分限定」等と明示します。

宇宙ロケットの燃料

ふくらませたゴム風船は、手をはなすと空気を吹き出しながら飛んでいきます。ロケットが飛ぶ原理も同じで、エンジンの中で高圧の燃焼ガスを大量につくり、それを噴射することで飛びます。

❶日本の技術：H-II Aロケット

日本が人工衛星等の打ち上げに利用しているロケットは、国産のH－II A型です。全長約53m、直径４m、発射時の総重量は約300tにもなる大型ロケットです。このロケットは、液体酸素と液体水素を利用したメインエンジンと、固体燃料を利用したブースターロケットを組み合わせています。ブースターロケットは、打ち上げる目的に合わせて取りつける数が変更できます。

❷燃料で区別できる2つのロケット

ロケットは発射する時、燃料を充分に燃やして噴射力を高めます。空気中の酸素だけでは不足するので、酸素を追加して燃料を無駄なく燃やします。さらに、宇宙には酸素がないので、宇宙でロケットを点火する時も必要です。このようにロケットには、燃料以外に酸素が必要なので、ロケットの重さはほとんどが燃料と酸素です。

❸液体燃料を利用する

強力な力を長時間必要とするロケットに使われます。液体水素と液体酸素を利用するのは、タンクにためる時、気体の場合よりたくさん積み込めるからです。使う時は液体から気体に戻しています。液体にした水素や酸素は超低温になっています。発射準備の整ったロケットから、白い湯気のような物が見えるのは、温度の低い酸素の気体が噴出され、空気中の水蒸気が水や氷の粒になったためです。

❹固体燃料を利用する

粉末の燃料と酸化剤(酸素を含む薬品)を混ぜた物を、タンクに入れておきます。ロケットに１度入れておけば、発射させたい時にすぐ使えるよさがあります。ロケットによっては、燃料と酸化剤が混合されているものもあります。

１段目と２段目のロケットは液体燃料。ブースターロケットは固体燃料です。

H－II Aロケットのしくみ
©JAXA

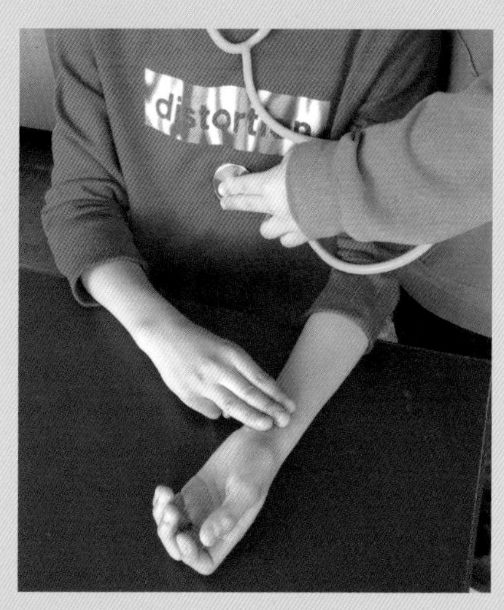

2章……………動物の体のはたらき

◉これだけは押さえたい

- 呼吸は空気中の酸素を取り込み、二酸化炭素をはき出していること。
- 食べ物に含まれる養分が変化して体内に取り入れられることや消化管のしくみ。
- 酸素や養分は、血液によって全身に運ばれ、心臓がポンプのはたらきをしていることや、肝臓や腎臓のはたらき。

◉指導のポイント

- 呼吸は、石灰水を少量入れたポリエチレンの袋を用意して、各自の呼気を採取させます。ポリエチレンの袋の内側が曇る様子や、水、石灰水が白く濁ることから二酸化炭素に気付かせます。呼気中の酸素濃度は、酸素チェッカーを利用すると手軽に調べることができます。
- だ液がでんぷんを別の物に変える実験は、だ液の量、でんぷん液の濃さ等の条件で結果に幅が出ます。この本の実験はほぼ確実です。
- 血液循環は、心臓の拍動と脈拍が同じことを体験させましょう。測定部位を工夫することで、拍動や脈拍を調べることができます。
- 解剖実習はシシャモでもできます。

15 消化の実験を確実に行う

時間 1単位時間

だ液のはたらき（消化）を、全員に実感させます。

ポイント

- **◉でんぷん糊の濃度を約0.1％にします。**
- **◉だ液は適温で入れます。**
- **◉ヨウ素液は、10倍にうすめます。**

準備するもの

◎片栗粉（でんぷん）0.5g（小さじ５分の１〜４分の１）◎水◎水を入れるスポイト◎ヨウ素液◎試験管2本（区別するため、赤と白等の色テープを巻く）◎ビーカー（500mLと小分け用）◎脱脂綿◎沸騰したお湯を入れたポット◎ビーカーを冷やすための水をはった水槽

【ヨウ素液について】

市販のヨウ素液（１％）は濃く、そのまま使うと色の変化がわかりにくいので、水で10倍くらいにうすめて使います。こうすることで、ヨウ素液が濃いために青紫色が黒く見えることを防げます。

市販のヨウ素液　うすめたヨウ素液

【でんぷん糊をつくる】

デンプンに熱湯を加えると水溶性のαでんぷんに変わります。この変化を糊化（こか）と言います。

◆授業展開

1 でんぷん糊をつくる

児童の目の前で行います。

- 500mLのビーカーに0.5gのでんぷんと10mLの水を入れて振って見せます。白く濁るだけででんぷんは、水に溶けません。
- 周りに飛び散らないように注意しながら、500mLの目盛りまで一気に沸騰した熱湯を注ぎます。0.1％の透明なでんぷん糊ができます（ヨウ素液でのでんぷん反応は、0.02％でも出ます）。

【でんぷん糊を適温に冷やす】

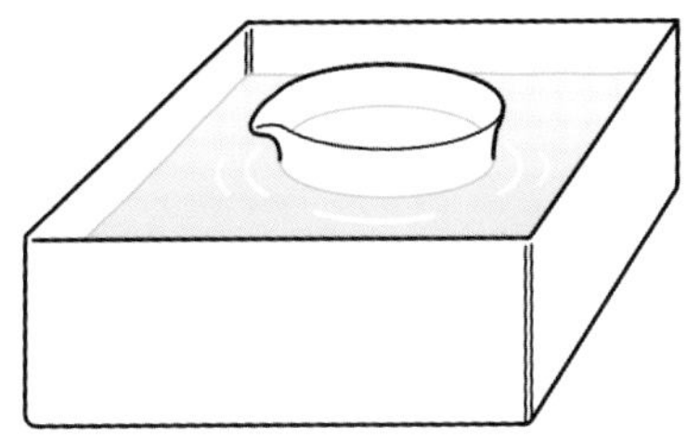

実験の手順や、だ液の取り方を説明している間に、水を入れた水槽にビーカーを入れ、お風呂の熱いお湯くらいまで冷やしたら、いくつかのビーカーに小分けにします。

2 実験の手順を板書

後述「実験手順の板書例」を参照。

3 演示をしながら手順を確認

- 火傷に注意をして、試験管にでんぷん糊を５mL取ります。
- それにヨウ素液を加えて、青紫色に変わることを演示します。
- 別の試験管に５mLの水を取りヨウ素液を加えて、「変化がない時のうすい茶色」を見せます。

【でんぷん糊の温度について】

児童が試験管にでんぷん糊を取るころには、体温よりやや高いくらいまで冷えています。神経質になる必要はありませんが、だ液がよくはたらくために、でんぷん糊の温度を体温くらいにすることが大切です。

- でんぷん糊が冷えて小分けにしたビーカーが手で持てることを確認します。少し熱いくらいがベスト。少し熱いことを子どもに話しておかないと、びっくりしてこぼしてしまいます。

【だ液の採取の方法について】

①だ液はすごい液であることを指導します。
②口の中をよく濯ぎます。
③親指の先ぐらいの量の脱脂綿を口の中に入れて、数回かみます。
④だ液が出てきたら、かむのをやめ、脱脂綿にだ液を十分染み込ませます。
⑤口を手で覆い脱脂綿を取り出します。
⑥でんぷん糊が入った２本の試験管のうちの白テープを巻いた方に、脱脂綿を手で覆いながらだ液を絞り入れます（次頁左下の写真）。

- **だ液の指導：**だ液と痰（たん）を混同して汚いと言っている児童もいるので、だ液には抗菌作用もあり、虫歯を防ぎ、口の中を清潔に保ってくれるすごい液であることを教えます。

【でんぷん糊を試験管に取る】

5 mL取った試験管を見本に置いておく。

【でんぷん糊にだ液と水を加える】

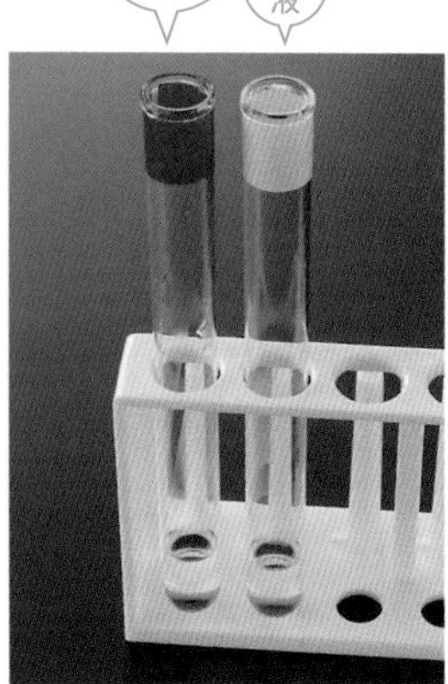

【ヨウ素液を加える前に確認する理由】

・1分ほどで、5 mL、0.1%のでんぷん糊は、だ液で分解されますが、待てずにすぐヨウ素液を加えてしまう子どもがいます。
・なぜ水やヨウ素液を加えるのかあやふやな子どもや、だ液で消化されるが「少しは残っている」と思っている子どももいます。
・この後どう変化するかを予想しながら、ヨウ素液を加えるので、変化をしっかり確認させることができます。

4　でんぷん糊を試験管に取る

・はっきり区別するために、試験管に赤と白のような色テープを巻いておきます。
　赤く巻いた試験管
　→水を入れる
　白く巻いた試験管
　→だ液を入れる
・たくさん入れてしまう子どももいるので、そばに見本として、5 mL入れた試験管を置いておきます。
・子どもたちが作業に入ったら、危険なことを止める以外は指示を出さずに見守ります。

5　だ液と水を加える

事前指導

・脱脂綿に十分だ液が染み込んでいるのを確認して取り出し、試験管に加える。
・マナー指導：一連の動作は手で覆って行う。

6　自分の考えの確認

・ヨウ素液を加える前に、水を加えた試験管を準備する理由と最初の予想を確認します。
・ヨウ素液等の指示薬を使う時、なぜここで使うのか意識させることが大切です。

【ヨウ素液を加える】

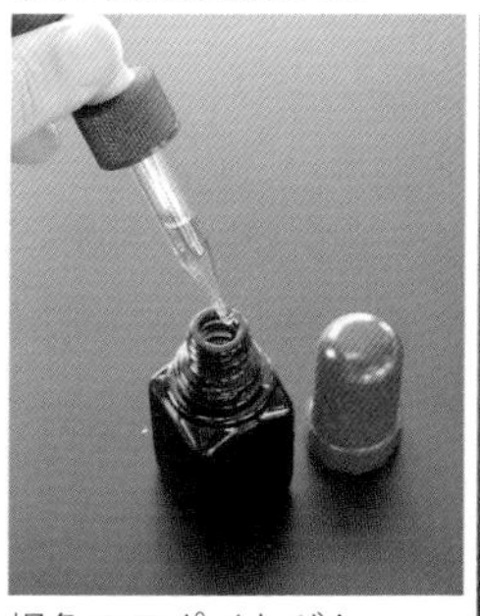

褐色のスポイトびんが、便利です。

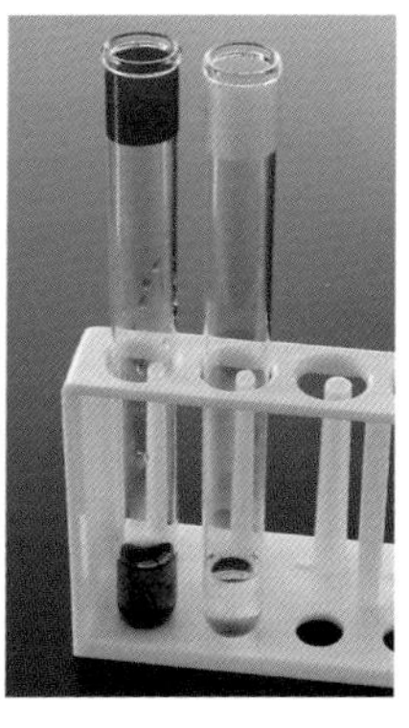

7 ヨウ素液を加える

・前述のようにうすめたヨウ素液を1～2滴加えます。加えすぎに注意します。

8 結果の記録

・赤は、色が変わった
　→でんぷんが残っている。
・白は、色が変わらなかった
　→でんぷんがなくなった。

【考察でのポイント】

「だ液のはたらきで、でんぷんがなくなった」ことを押さえるだけでなく、「時間がたてば自然にでんぷんはなくなる」「だ液で液がうすくなったので反応が出なかった」等の誤った考えを、根拠を示して否定できるようにします。

9 結果の考察

・この段階では、よくわかっていない子どもが多いです。
　なぜ白の試験管にでんぷんがなかったかを、簡単に「でんぷんをだ液が消化したから」とまとめるだけではなく、考察が大切です。例えば、教師が誤った考えを示して、子どもに間違いを指摘させる等、確かな定着を図ります。

【実験手順の板書例】

・試験管（赤・白）に、5mLのでんぷん糊を取る
・だ液を脱脂綿で取る（マナーを守る）
・白の試験管に自分のだ液を入れて振る
・赤の試験管に水（だ液と同じ分量）を入れて振る
・自分の考えの確認（次のことを考える）
　なぜ赤の試験管に水を加えたのだろう
　ヨウ素液を加えるとどうなるだろう
※ ここで先生の指示を待つ
・ヨウ素液をそれぞれの試験管に加える

やってはいけない

ヨウ素液は、光が当たると分解してしまうため、透明なびんに入れて保存してはいけません。

濃度の濃いでんぷん糊を使ってはいけません。

16 呼吸の気体を調べる

時間 30分

吐き出した空気は吸う空気と、何が違うか調べます。

ポイント

◉なぜ呼吸をするのか問いかけます。酸素が必要という予想を出発点に、「吸う空気と吐いた空気の違い」を課題にします。

準備するもの

◎ポリエチレンの袋（A4）◎石灰水◎はさみ◎気体検知管（二酸化炭素高濃度、酸素）◎気体採取器◎ビニタイ◎デジタル酸素メーター◎（安全眼鏡）

1．石灰水を利用する

①ポリエチレンの袋に石灰水を入れてから、息を吹き込みます。

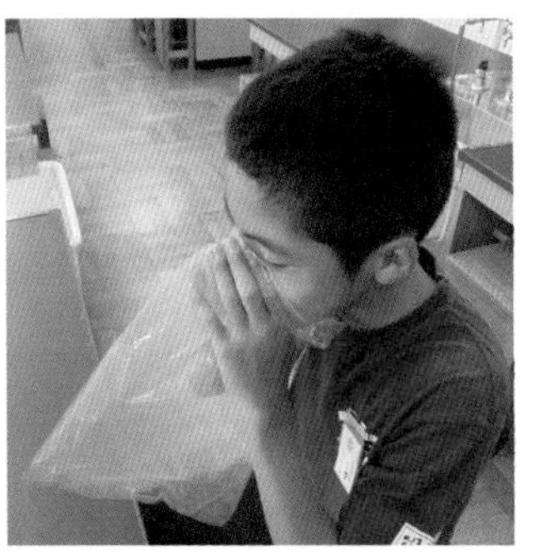

②袋を振って、石灰水が変化するか調べます。黒っぽい物の上で比較すると、白く濁ったことがよくわかります。

③別の袋に石灰水を入れてから、袋を広げて空気をとりこみます。袋を振って石灰水が変化するか調べます。

◆試験管を使う方法

試験管に、石灰水を約５分の１入れます。安全眼鏡をつけさせ、ストローを使い、跳ねて飛沫が飛ばないように弱い息で呼気を吹き込みます。

・燃焼の実験では、空気には二酸化炭素がほとんどないことを学習しています。

◆実験方法の選択と時間の節約

石灰水の実験は全員でします。気体検知管を使う実験は、班で分担したり、教師実験にしたりして時間を節約します。

◆燃焼の学習との関わり

「呼気に酸素は含まれている

2．気体検知管を利用する

①ポリエチレンの袋に息を吹き込みます。吹き込んだら、ビニタイで口を縛ります。

②はさみで袋の横に小さな切れ込みを入れます。この切れ込みに気体検知管を差し込み、酸素と二酸化炭素の濃度を調べます。

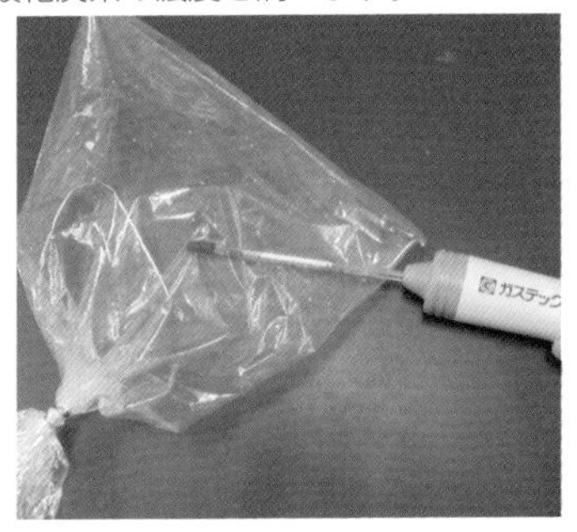

3．酸素メーターを利用する

ポリエチレンの袋に呼気を吹き込み、酸素センサーを袋に入れて読み取ります。

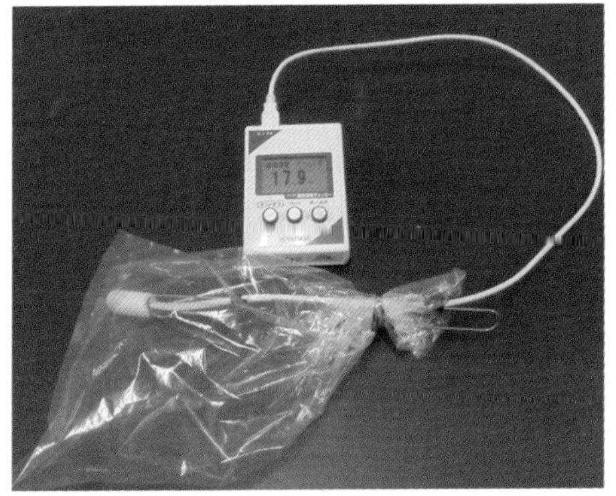

か」と問えば、「酸素が二酸化炭素になったのだからない」「物が燃える時には、酸素を全部使い切ることはなかった」というような考えを出し合うことが可能になります。そういう疑問や考えをもてるようになってから、気体検知管の実験に移ります。結果は、酸素は約18%、二酸化炭素は約３%です。

◆酸素メーターの準備

酸素メーターは、センサを交換したり、スイッチを入れたりした直後は、初期化が必要です。６～８分前にはスイッチを入れて、初期化を済ませます。

◆豆知識

人の呼気には酸素が含まれているので、人工呼吸ができます。しかし、呼気を集気びんに集め、燃えているろうそくを入れると、すぐに消えてしまいます。

吐き出した空気には酸素が少なく、二酸化炭素は増えています。袋が曇ったことから、水蒸気が含まれていることもわかりました。

17 血液循環の観察

時間
20分

小腸から吸収された養分や、肺から取り入れた酸素は、
血液によって全身に運ばれます。

ポイント

◉人が生きている間は、絶え間なく養分や酸素、不要なものが、血液によって運ばれていることを学びます。

準備するもの

◎メダカ◎チャックつきビニール袋◎微小生物観察用小型水槽（ヤガミ）顕微鏡推奨

○人の血液の量

血液の量は、だいたい体重の８％くらいあり、体重40kgの子どもを例にすると、約3.2Lです。この血液が心臓のはたらきによって、絶え間なく全身を巡っています。事故等により、全身の血液の３分の１を失うと、生命に危険があるといわれています。

○動脈と静脈

・動脈は体の奥にあることが多いので、見にくいです。脈拍を触って感じることでき、心臓から各器官等に栄養や酸素などを運ぶ血液が流れる血管です。
・静脈は、体の各器官から老廃物を運ぶ血液が流れています。皮膚の下に暗紅色として確認することができます。

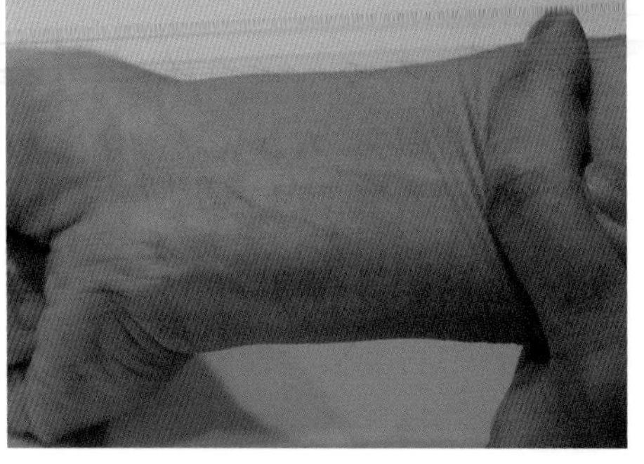

◆授業のヒント

実物を見せるのが難しい単元です。教育放送のHPを利用すれば、季節を選ばず映像教材を紹介することができます。

◆血液の色

人やほ乳類の血液は赤血球の影響で赤く見えます。昆虫やイカ、タコは、無色の血液です。

○毛細血管

髪の毛のように細い血管で、体のすみずみに養分や酸素を運びます。まぶたの裏側を見ると、細かい毛細血管を観察できます。鏡を使えば、自分で観察できます。

○メダカの尾びれを利用して、毛細血管と血流を見る

1　メダカを飼育している水槽の水とメダカを一緒に、チャックつきビニール袋に入れます。
2　袋の中の空気を少なくするように、空気を押し出しながら、チャックを閉じます。
3　袋についた水を拭き取ったら、ステージに載せて観察します。

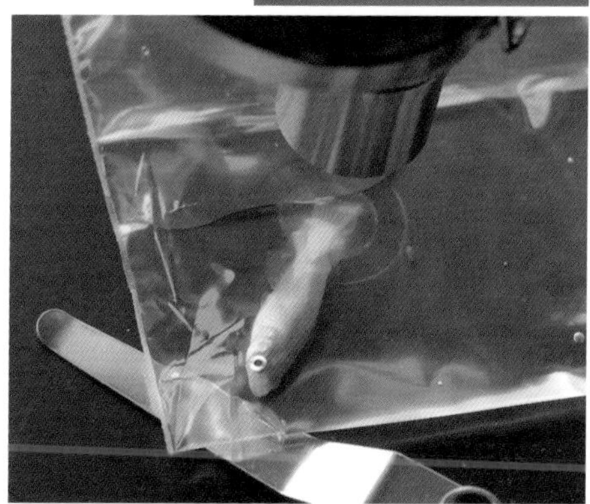

メダカの尾びれ（100倍）

◆血流の観察器

半円形のくぼみの中に水とメダカを１匹入れたら、寝かせた顕微鏡のステージのピンで固定します。透過光を利用するので、顕微鏡のステージを明るい場所に向けます（微小生物観察用小型水槽（ヤガミ）使用の場合）。

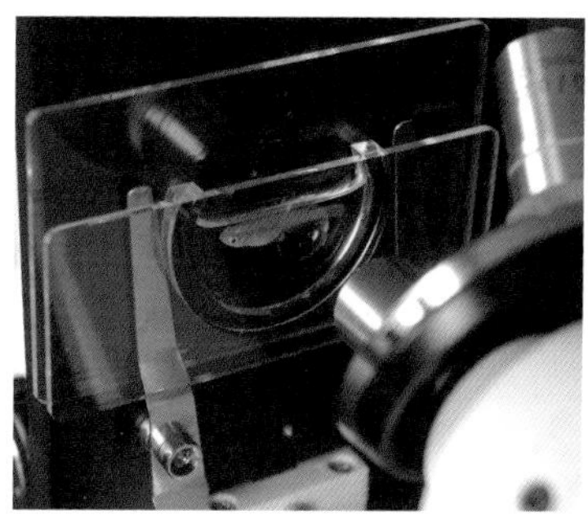

○オタマジャクシの尾びれを利用して、血流を見る。

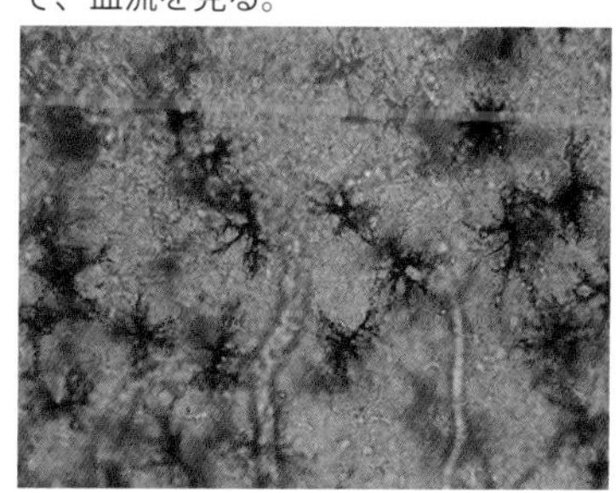

オタマジャクシの尾びれ（100倍）

やってはいけない

血液は感染の心配もあり、他人の血液に触れるような観察はしません。

18 拍動と脈拍

時間
20分

心臓の拍動と脈拍の関係を、実際に調べながら学びます。

ポイント

◉心臓は規則正しく収縮を繰り返して、血液を送り出しています。この動きを拍動といいます。拍動は血管を伝わっていくので、手首等で感じることができ、脈拍といいます。

準備するもの

◎聴診器◎秒針がついた時計◎脈拍計

○拍動を調べる

胸の中央左側あたりを触れると、心臓が動いている場所が見つかります。聴診器をあてるとドキンドキンと拍動の音が聞こえます。皮膚に直に触れることをためらう時は、服の上から触らせるようにします。

○脈拍を調べる

・脈拍がわかる場所

血管が脈打つことを脈拍といいます。心臓から送りだされた血液が通る血管（動脈）が、表面にある場所、「手首の内側、こめかみ、首筋等」で感じられます。指先で脈拍を調べるようにします。

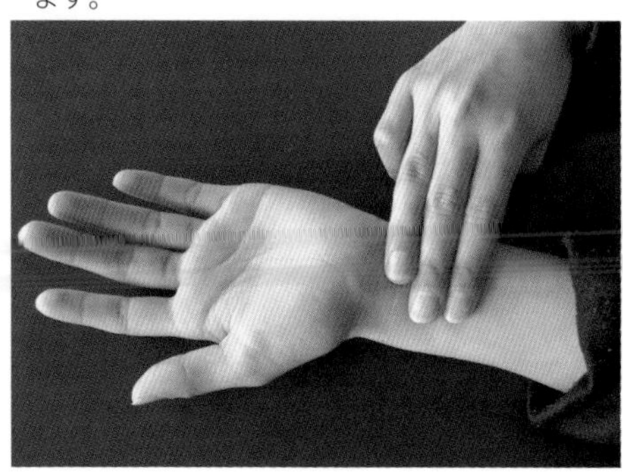

◆聴診器の種類と使い方

聴診器には膜型の面だけがある機種と、ベル型と膜型の二面構造の機種があります。ベル型の面では低音を、膜型の面では高音を聴取します。それぞれの面で聴取できる音が異なるため、聴取したい音に合わせて、使用する面を選択します。

二面構造において膜型を使うときは、音漏れがしないように、ベル面の穴を指で閉じます。

左：膜面、右：ベル面

○拍動と脈拍の関係

「心臓がドキンと脈打つ拍動と、血管がドキンと感じる脈拍は、同じ間隔か」と発問します。同じかずれるのか予想してから実験します。実験は2人組で行います。

1　聴診器で自分の拍動が聞こえるポイントを探します。
2　相手に聴診器を押さえてもらい、自分の拍動が聞こえるようにします。
3　自分の手首の脈拍がわかる場所を探し、拍動音と脈拍を調べます。結果は同じ間隔です。

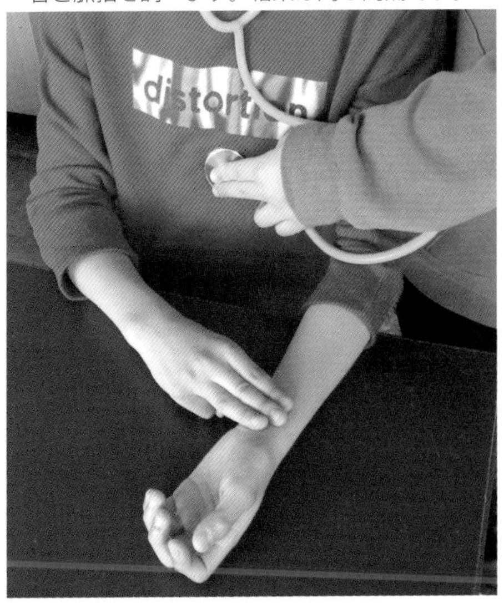

○心臓の動きを視聴覚教材で見せる

心臓が、伸びたり縮んだりしながら血液を押し出す様子を見せます。そうすれば、ドクッという拍動の音がすることが予想できます。

◆実験のポイント

児童は血圧が低く、なかなか脈拍を見つけられないこともあります。脈拍計を利用すれば、簡単に調べることができます。椅子の上り下りなどを1分間程度するだけで、脈拍は大きく変化します。

脈拍計

◆豆知識

・心臓から送り出された血液は、約3分で全身を巡り、心臓に戻ってきます。
・昔、西洋の床屋さんは外科の仕事を兼ねていました。床屋さんの回転塔は、動脈の赤と静脈の青を表しています。

心臓に聴診器を当てると、拍動が聞こえました。手首に指を当てると、脈拍を感じることができました。この2つは、同じタイミングでドキドキしていました。

19 カラフトシシャモの解剖

時間 1単位時間

いつでも手に入る廉価な魚で、１人１匹の解剖も可能に。

ポイント

魚の解剖実験は、材料となる魚を用意するのが大変です。いつでもスーパーで売っている「子持ちししゃも」（カラフトシシャモ）を材料にすることで、手軽に解剖を行ってみましょう。

準備するもの

◎カラフトシシャモ◎解剖セット（ない場合はカッターとつまようじ）◎スプーン◎まな板（汚れてもよい板）

【手順】

①まず全身を観察します。人と同じように、目や口があります。肛門も確認します。手足はありませんが、ヒレがあります。エラの場所も確認します。

②肛門のあたりに少し切り込みを入れ、そこから浅く刃を入れて、エラぶたの間まで切ります。

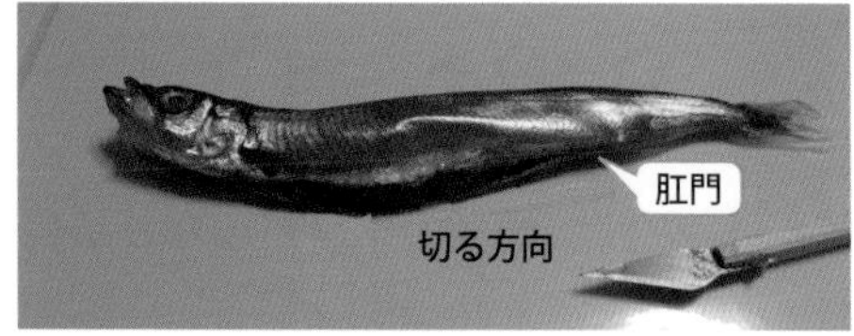

③腹を開き、スプーンで卵をかき出します。

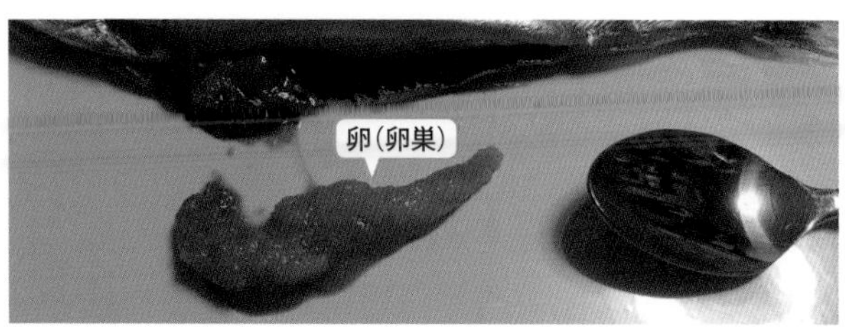

・カラフトシシャモはめすが売られることが多いのですが、おすが店頭に並ぶこともあります。おすとめすを解剖して比較するのもよいでしょう。

・まな板の代わりに、白い紙をラミネートした物が使えます。

・解剖セットがない場合は、カッターを使います。使用後は、洗って、水を拭き取り、さびないように油を塗ってください。

・使い捨てのカッターを利用して、メスを自作する方法もあります。写真の物は、百円ショップのデザインカッター用の刃を、割り箸にボンド（コニシ G17）で接着した物です。

④肛門から背中側に向けて少し切ります。その後、腹の肉を手でむしり取ります。

⑤腹の中が見えるようになりました。消化管が口の方から肛門までつながっているのがわかります。肝臓と胃も確認できます。

・胃を切り開くと、食べた物が残っている場合があります。大抵は消化されていますが、まれに未消化の物が観察できます。

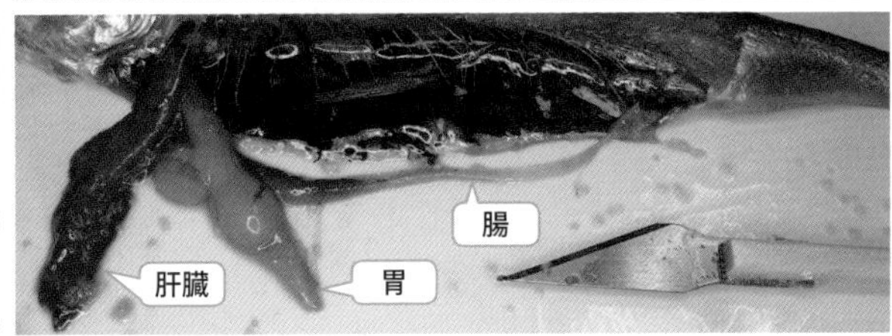

⑥エラぶたを手で取り外します。エラが見えます。カッターの刃先やつまようじを使って、エラを広げてみましょう。

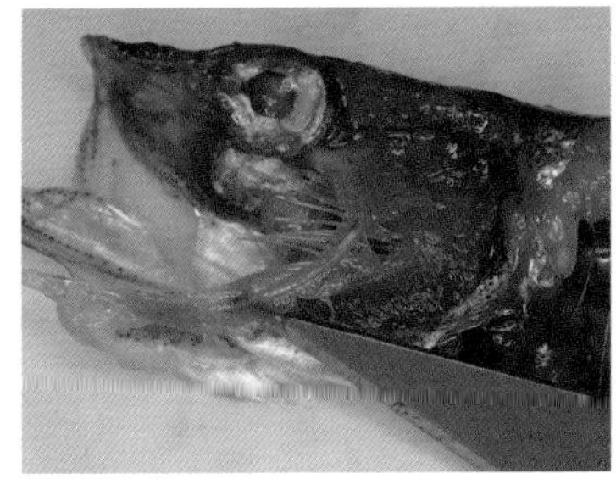

⑦左右のエラの間を切り開くと、心臓があります。心臓とエラはつながっています。

・なぜ、心臓とエラがつながっているのかを考えさせるとよいでしょう。

・魚の心臓は、人よりも簡単なつくり（１心房１心室）で、エラに向かって血液を送り出すだけです。エラを通って酸素が多くなった血液が、全身に送られるというしくみです。

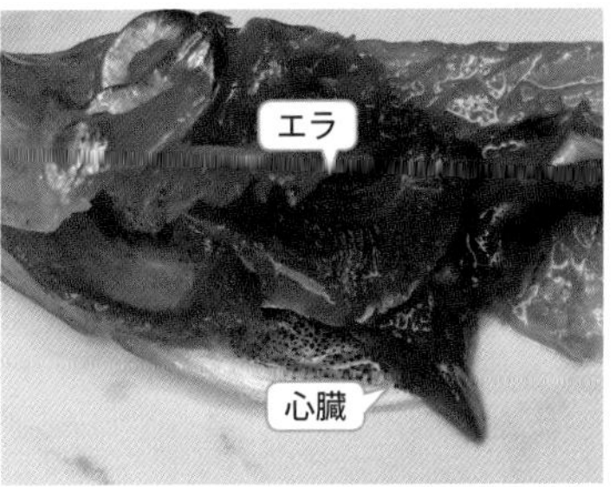

やってはいけない

子どもたちに自由に解剖を進めさせると、見るべき部分を見ないままに魚がバラバラになってしまいます。１つずつ確認をしたり、考えさせたりしながら、丁寧に進めましょう。

草食動物と肉食動物

動物は食べ物の種類によって、草食動物と肉食動物に分けることができます。この2つの違いについて調べてみましょう。

❶目のある場所

草食動物であるウサギやハムスターの目は横にあります。草食動物はどこから襲ってくるかわからない敵に対して、常に注意していなければいけません。そこで、広い範囲を見渡せることができるように、目が横にあるのです。

肉食動物は獲物を仕留めるために、全力を尽くします。両目を利用すると、相手までの距離が正確にわかるので、両目は前面にあります。

❷歯の構成

草食動物の前歯は、エサになる植物により異なります。ハムスターやネズミのように、固い物をかじることができる前歯を持っている動物と、牛のように草をそぎ取ることができる前歯を持っている動物です。奥歯は食べた草をすりつぶすために、平らな臼歯になっています。肉食動物では獲物を仕留めるために、ナイフのように尖った犬歯があり、前歯は肉を骨からそぎとれるように尖っています。

❸消化器のつくり

草食動物は消化しにくい草を食べるので、消化管の中にいる細菌に助けてもらいます。消化に長い時間をかけるために、長い腸が必要になります。肉食動物の場合は、胃液によって肉のタンパク質を消化できるため、消化管の長さは短くなります。このことは動物の体を軽くすることができるので、速く走れることに役立っています。

❹人の消化管

人間のように植物と動物を食べる動物を雑食動物といいます。雑食動物は、肉食動物と草食動物の中間ぐらいの消化管を持ちます。植物の繊維は、牛などの草食動物なら栄養にすることができます。しかし、人間だと消化して栄養にはできません。

セロリを用いた染料の吸い上げ実験。

3章……………植物の体のはたらき

◉これだけは押さえたい

- 植物は日光が当たると、葉でデンプンをつくっていること。
- 植物は、根から水を吸い上げて、茎から葉へと移動し、蒸散させていること。

◉指導のポイント

- デンプンの有無を調べる植物は、インゲンマメ、カタバミ、ジャガイモ等が適しています。どの植物を利用して、いつ学習するか検討し、種子をまいたり、タネイモを植えつけておいたりします。
- この実験では日照条件が大切です。曇りや雨の日は、でんぷんの量がとても少なくなります。
- でんぷんの検出は、たたき染めとエタノール脱色があります。たたき染めは、用具をつくっておけば、全員で実験できます。
- 気孔の観察は、インゲンマメやツユクサを利用したり、市販の標本を観察させたりします。
- 茎の吸い上げ実験は、切り花用着色剤がおすすめです。染料の粒が細かいため、短時間で吸い上げが確認できます。

20 葉のでんぷん調べ（たたき染め法）

日光が当たった葉にでんぷんが含まれているのかどうかを調べます。
たたき染めは、準備の手間が少なくて、わかりやすい実験です。

ポイント

- **◉日光に十分当てた葉を使います。**
- **◉遮光は前日から行います。**
- **◉実験の日が晴れそうもない場合は、事前に日に当てた葉を採取して、保存しておくこともできます。**

準備するもの

◎アルミニウム箔（前日）◎ヨウ素液◎スポイト◎日に当てた葉と日に当てない葉◎たたき台（工作マット等）◎木づち（金づち）◎ビーカー◎ろ紙◎熱湯◎ピンセット◎バットやシャーレ等

【実験の方法】

1. 工作マットを２枚用意します。なければ、デスクマットや、厚手のテーブルクロス等を手頃な大きさに切ったものでも使えます。
2. 熱湯に葉を浸して、やわらかくします。そのまま生の葉をはさんでも結果は出ますが、緑色が濃く写ってしまうので、結果がわかりにくくなります。湯に浸すことで、写りこみがうすくなり、結果がわかりやすくなります。

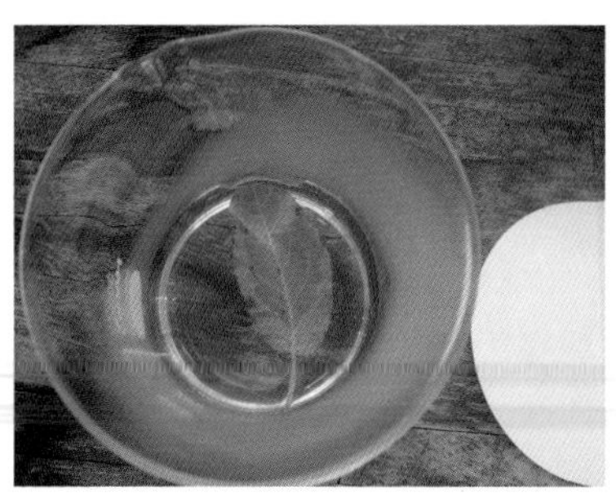

◆日光に当てない葉を用意する

よく晴れた日の午後が実験には最適です。

日光に当てない葉は、アルミニウム箔でくるむのがおすすめです。アルミニウム箔は前日からかけるようにします。

◆実験する日が晴れなさそう

晴れた日に実験を行えるのがベストですが、どうしても都合がつかない時は、事前によく晴れた日に、葉を採集しておきましょう。葉をラップでくるんで、冷蔵庫に入れておけば２～３日なら使えます。

3. ろ紙を半分に折り、やわらかくした葉をはさみます（葉が大きい場合は、ろ紙２枚ではさみます）。

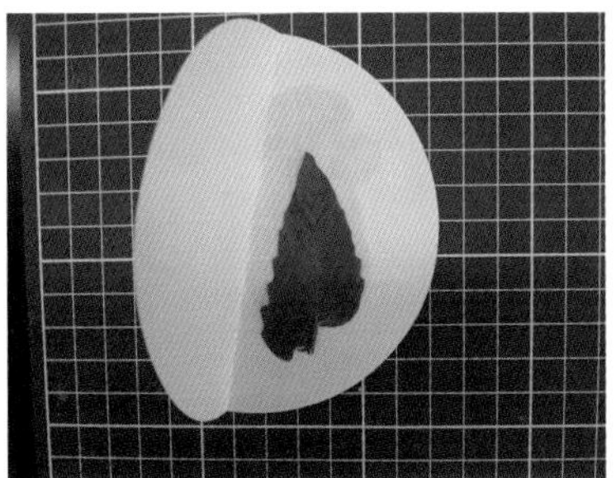

4. ろ紙を工作マットではさみ、木づちでたたきます（金づちでもいいですが、たたきすぎないように）。
5. マットを開いてみて、つぶれ方が少ないようであれば、ろ紙の上から軽くたたいてみます（ろ紙を破かないように）。
6. ろ紙を開き、葉くずを取り除きます。
7. バットまたはシャーレの上にろ紙を置き、上からヨウ素液をかけます。
8. 日光の当たっていた葉は、早ければ数十秒で青紫色が出てきます。

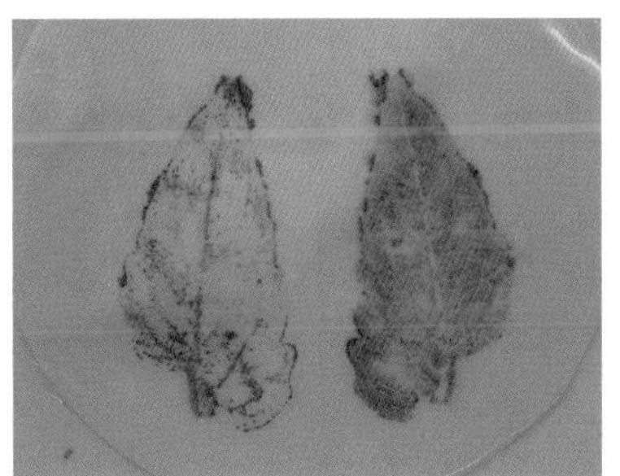

◆葉の選び方

葉の古いものは、大きいですが固くなり、実験結果が出にくくなります。日当たりのよいところの、新しくてやわらかい葉を選びます。ろ紙に入る少し小さめの物を選びます。

◆反応のわかりやすい植物

○栽培品種
インゲンマメ、ジャガイモ、ミニトマト、マリーゴールド等
○野草
カタバミ、ヘラオオバコ、イヌタデ、アカザ、ギシギシ、タニソバ、セイヨウタンポポ等

やってはいけない

イネ科のツンツンした草は選んではいけません。多くの場合、でんぷんをつくらず糖をつくっているので、でんぷん反応が出ません。

上記の反応のわかりやすい植物でも、必ず予備実験を行ってから授業で利用します。

21

葉のでんぷん調べ（エタノール脱色法）

日光が当たった葉にデンプンが含まれているのかを調べます。
エタノール脱色は、実験らしい実験で子どもが好みます。

ポイント

◉換気に気をつけます。
◉落ち着いた雰囲気で実験させましょう。

準備するもの

◎アルミニウム箔（前日）◎ヨウ素液◎エタノール（エチルアルコール）◎スポイト◎日光に当てた葉と日に当てない葉◎ビーカー（500mL・100mL）◎熱湯◎ピンセット◎シャーレ◎雑巾

【実験の方法】

1. 日光に当てた葉と、当てない葉がわかるように、片方に切れ込みを入れます。

2. 500mLビーカーに熱湯を200mLほど入れます。ビーカーは、上の方を持ち、落とさないようにします。
3. ピンセットで葉をつまみ、熱湯に葉を浸して、やわらかくします。
4. 100mLビーカーに、エタノールを20mL入れ、そこにやわらかくした葉を入れます。
5. 500mLビーカーのお湯を捨て、新たに熱湯を200mLほど入れます。
6. エタノールと葉を入れたビーカーを熱湯に浮かべます。しばらくすると、エタノールに気泡が出て、緑色が溶け出し、エタノールが

◆葉の選び方

基本的に前項⑳に書いた通りですが、この実験では固い葉を選ぶと色落ちが悪くなるので、若いやや小さめの葉を選ぶようにします。

◆エタノールの取り扱い

・エタノールは、引火性があります。直接火にかけず、必ず湯煎します。
・蒸気を吸うと、酔っ払いますので、換気をよくしてください。
・メタノール（メチルアルコール）は、毒性があり大変危険です。この実験では使用しないでください。

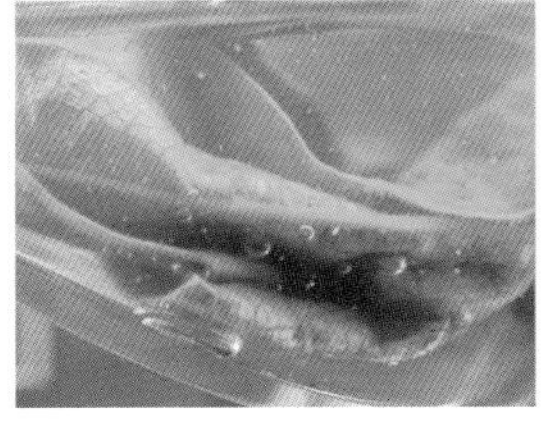

緑色になります。

7. エタノールの気泡が出なくなったらお湯を取りかえます。
8. 葉の色が抜け落ちたら、100mLビーカーを取り出します。脱色と同時に脱水もされて葉がパリパリに硬くなるので、500mLビーカーのお湯に葉をつけてやわらかくします。
9. やわらかくした葉をシャーレに広げ、スポイトでヨウ素液を多めにかけます。数分待つと、色がはっきりしてきます。

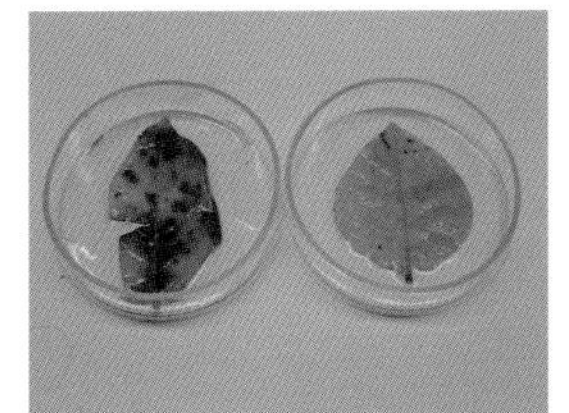

【変だな？】
日光に当てていないはずの葉から、でんぷん反応が出てしまうことがあります。

・アルミニウム箔のくるみ方が不完全で日光に当たってしまった。
・アルミニウム箔でくるんでからの時間が短くて、デンプンが残っていた。

等が原因として考えられます。

◆ヨウ素液の取り扱い

この実験では、葉の中にヨウ素液を染み込ませます。そのため、反応が出るまでに数分の時間がかかります。

ヨウ素液は、10倍程度に調整しておくと反応した色が見やすいです。

◆熱湯の取り扱い

熱湯は、こぼすと、火傷につながるので、十分注意させます。落ち着いた雰囲気で実験しましょう。

やってはいけない

■予備実験なしで実験すること

ヨウ素液がうすいと、結果が出るまで時間がかかったり、はっきりしなかったりします。ヨウ素液の濃さを吟味しておく必要があります。

葉によっては、反応が出にくいものもありますから、調べる葉については、何種類か指定します。

22 葉のでんぷん調べ
（晴れない時はどうする）

この実験は、梅雨の時期に当たって、なかなかきちんと晴れません。そんな時はどうしたらよいのでしょうか。

ポイント

◉都合がつかない時は、晴れた日に葉を採取しておきます。
◉どうしても晴れない場合は、インゲンマメを使います。
◉たたき染め法で調べます。

準備するもの

◎⑳たたき染め法を参照のこと。

【晴れない日の実験結果比較】

ミニトマト

・アルミニウム箔をかけて２日たったものなのに、初めから反応が出てしまいました。でんぷんの抜けが悪いので、使わない方がいいようです。

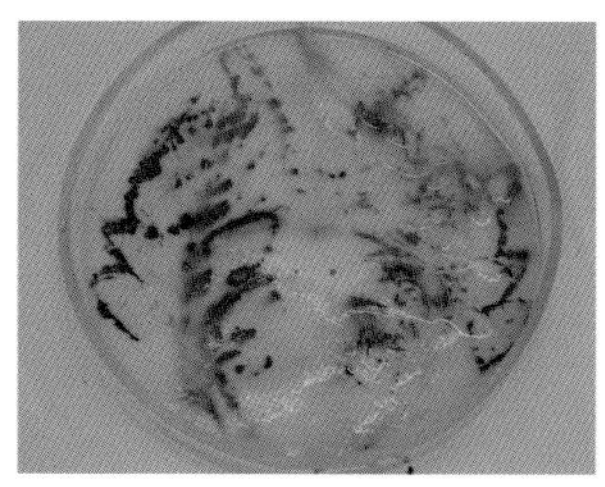

感度はよかったのに、残念な結果になりました。

ジャガイモ

・初めは反応なし。

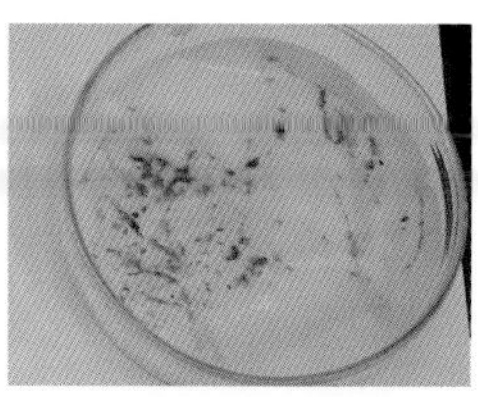

・３時間後にかろうじてわかる程度の反応がでました。

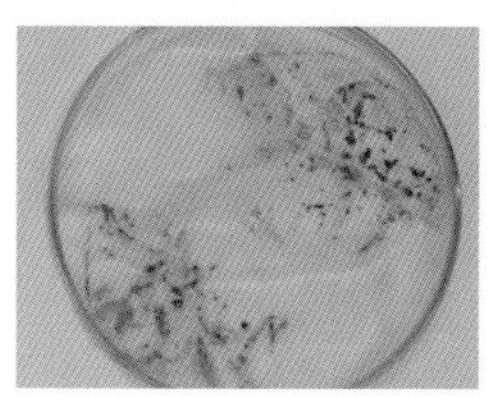

◆調べた条件

どうしても晴れない時、この実験はできないものなのか、次のような条件で、でんぷんのでき方を調べました。

・日照なし。
・気温20度。
・太陽の位置がわからないくらいの暗い曇り空。
・午前中は霧雨が降っていたので、雨の上がった午後１時に実験を開始。
・インゲンマメ、ジャガイモ、カタバミ、ミニトマトで１時間ごとに比較。
・午後４時実験終了。露光時間３時間まで。

カタバミ

- 3時間たっても反応なし。
- カタバミの反応が出やすいのは、葉のうすさによるもののようです。よく日光に当てたものをエタノール脱色する場合は、カタバミはよく反応します。

インゲンマメ

- 初めは反応なし。
- 1時間後にうっすらと反応あり。
- だんだん濃くなり、3時間後には結果がわかるようになりました。

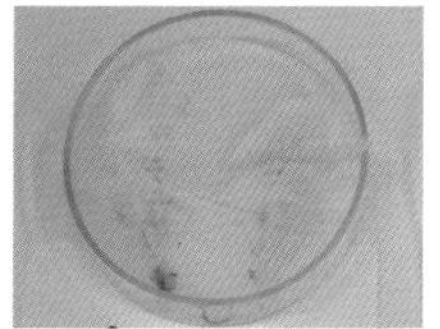

0時間

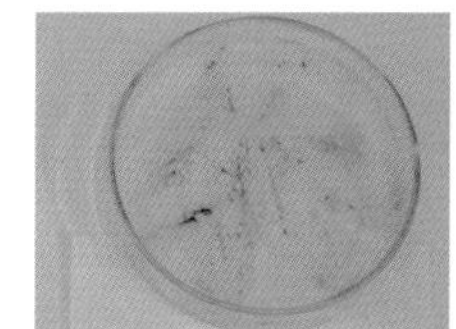
1時間

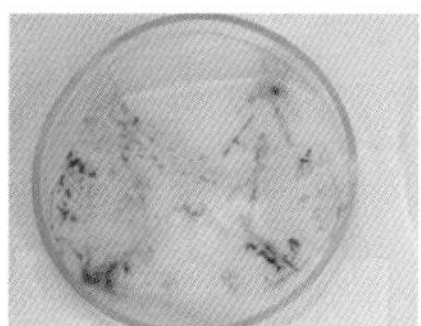
2時間

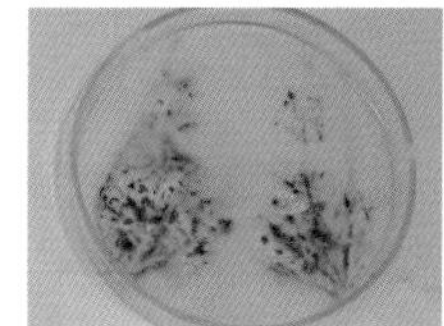
3時間

◆実験からわかったこと

- 太陽が見えなくても、3時間ほどたてば、インゲンマメでは違いがわかるようになります。
- 日の出時間から計算すると、授業が3、4時間目あたりだと、なんとか実験できそうです。
- ただし、エタノール脱色法では違いがはっきりしませんので、お湯につけてからたたき染め法で、実験します。細胞壁をできるだけ破壊するようにします。
- 感度としては、
ミニトマト>インゲンマメ>
ジャガイモ>カタバミ
でした。
- どうしても晴れない時は、インゲンマメの葉を使って、実験することができそうです。

やってはいけない

ミニトマトの葉は反応がよいのですが、でんぷんが抜けるまで4日かかりました。日に当てない期間が1日、2日では反応が出てしまいますので、不用意に使ってはいけません。

ピーマンもでんぷんが残りやすいというデータがあります。

事前に予備実験をしておくことが大切です。

23 道管の観察

時間
野菜により、数分～20分ほどで道管が染まります（必ず予備実験を）

切り花着色剤を使い、植物の水の通り道（道管）を観察しましょう。
野菜は食用部が大きく、維管束も太くて一年中入手できるものがあります。

ポイント

切り花着色剤（パレス化学㈱「ファンタジー」全21色）は色素の粒子が細かく、道管を短時間で鮮やかに染められます。材料の色や、色の識別をしにくい児童に配慮し、赤や青等を選ぶとよいでしょう。通常うすめず使用し、残液は再利用します。

準備するもの

◎レタス（葉）、アスパラガス（茎）、ニンジン（根）等の野菜◎切り花着色剤◎染色するための容器◎包丁、カッターナイフ等◎まな板（板目表紙等で代用可）◎虫眼鏡（双眼実体顕微鏡）

①実験開始（ここでは、ニンジンは青、他は赤色の切り花着色剤に浸しました）。

②外観と横断面から水の通り道（道管）を観察。

・レタスの葉（開始６分後）
※以下、時間は参考（著者、予備実験での時間）

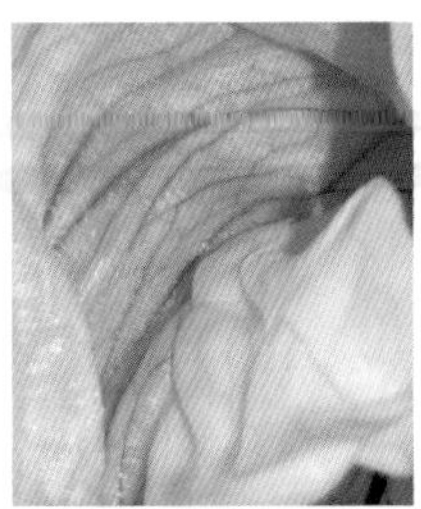

葉の脈が染まっている

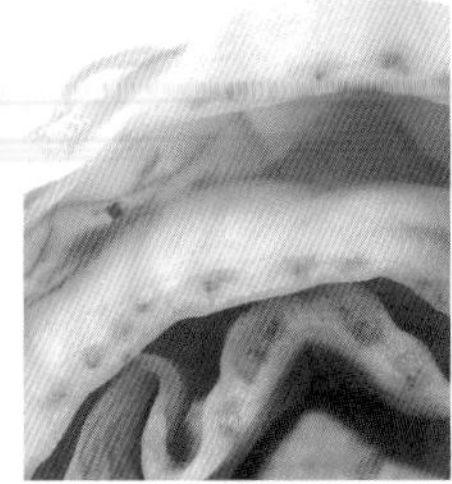

葉の横断面

葉には、水を通す管があります。

◆授業展開

1　今までに学習した植物を参考に各材料が根、茎、葉のどれにあたるかを確認し、
「根から取り入れた水は、どこを通り、どのようにして体全体に運ばれるのだろうか？」と問います。

- 「根からスポンジのように少しずつ浸み込んで、体全体に届くと思います」
- 「水道管のような水を運ぶ管があり、根から茎、体全体へと運ばれると思います」

この予想を確かめるための実験です。

2　水の通り道がわかるように、切り口を切り花着色剤に浸して吸わせます。

・アスパラガスの茎（開始18分後）

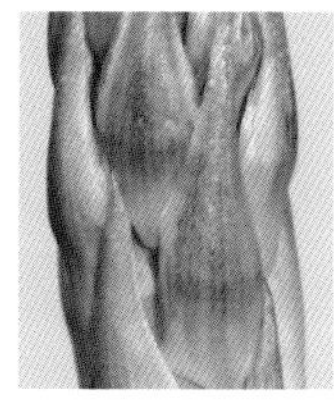

葉の脈が染まっている

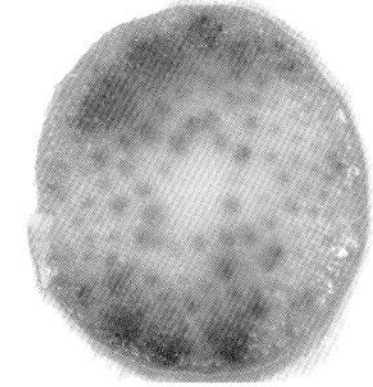

茎の横断面

茎にも、水を通す管があります。

・ニンジンの根（開始20分後）

葉の脈が染まっている

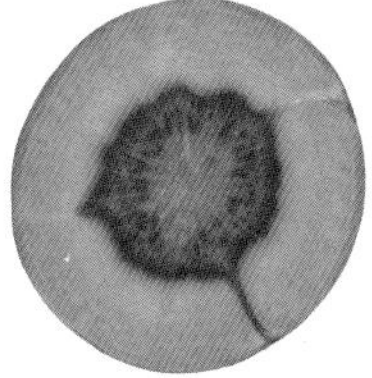

根の横断面

根にも、水を通す管があります（横に伸びているのは、側根への道管）。

③縦断面で根・茎・葉のつながりを観察。

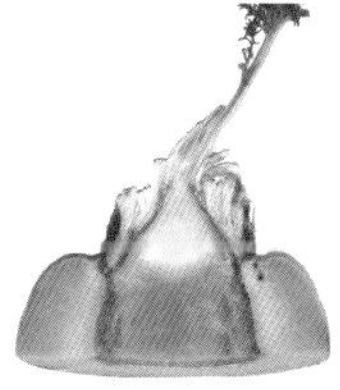

ニンジン

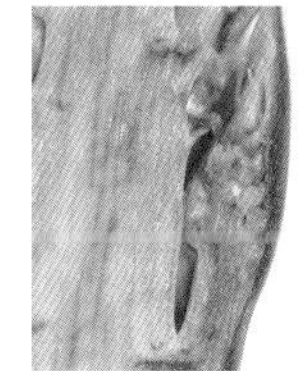

アスパラガス

水を通す管は、根から茎、葉へとつながります。

3 葉まで染まっていることが確認できたら取り出し、水で濯ぎます。

4 カッターナイフで断面を切って、染まった部分を虫眼鏡等で観察します。

・開始数分でレタスの葉が染まり始めます。葉の脈が広く染まってきたら横断面を切って観察し、葉には水を通す管があることを確認します。

・開始10～20分後には、ニンジンやアスパラガスが葉まで染まるので、同様に横断面を観察し、根や茎にも水を通す管があることを確認します。

・最後に茎や葉のつけ根を含めて縦に切り、根と茎、茎と葉や花との間で水を通す管がつながっていることを確認します。

※ダイコンの場合、側根のない上部は胚軸（根と子葉の間）で、根ではありません。

植物には水を通すための管があって、根から吸った水は茎を通り、葉や花など体全体に運ばれることがわかりました。

24 気孔の観察

時間 20~25分

気孔は吸い上げた水を蒸散する出口になります。葉にこんな穴があるなんてと、びっくりすること請け合いです。

ポイント

◉ツユクサ科の葉で慣れてから、他の葉を観察します。
◉レプリカを用意しておくとよいです。

準備するもの

◎ツユクサ科の葉◎ピンセット◎スポイト◎水◎スライドガラス◎カバーガラス◎顕微鏡◎ライト◎ティッシュ

【表皮のむき方】

ムラサキツユクサの葉の表側に爪で筋を入れて山折りにしたり、力を加えたりすると、裏側の半透明な表皮がむけます。この半透明な部分を使います。

【ムラサキツユクサの気孔×300】

顕微鏡で見ると、このように見えます。
皮をむかずに、上からライトを当てると、ツユクサ科なら気孔がわかりますが、初めて見る子どもには見分けることが難しいです。

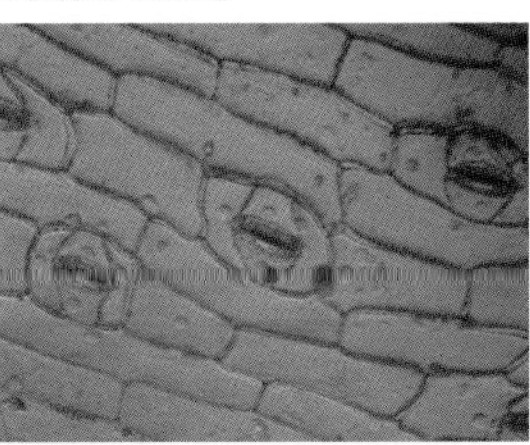

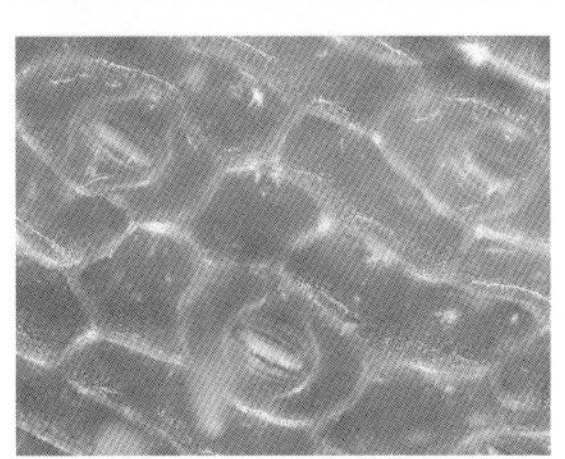

◆葉の選び方

気孔は葉の裏側に多くありますが、そのまま顕微鏡で見ても、真っ黒で見えません。そこで葉の裏の表皮をむいて、プレパラートをつくります。

皮がむけやすいのは、ツユクサやムラサキツユクサ等です。

シマムラサキツユクサは、葉をそのまま裏返しにしてステージに乗せます。気孔のところが透明で、そのまま観察できます。

◆プレパラートのつくり方

半透明な表皮（小さくてもよい）をスライドガラスに広げ、スポイトで1滴水を垂らして、カバーガラスをかけます。はみ出た余分な水分をティッシュで

シマムラサキツユクサ（ハカタカラクサ・ゼブリナとも呼ばれる）を理科室で１鉢栽培しておきましょう。手間のかからない植物です。

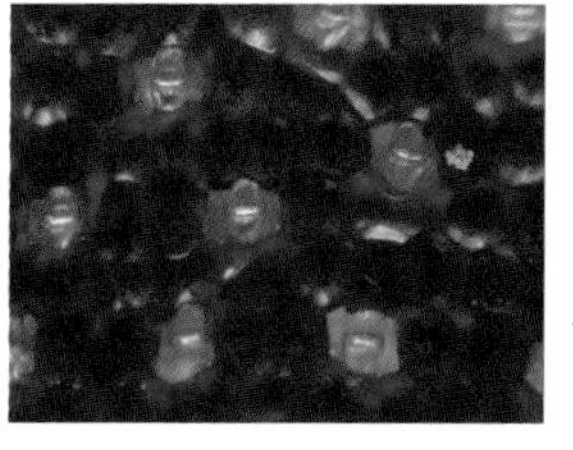

シマムラサキツユクサの葉の裏側を直接見たところ。（×300）

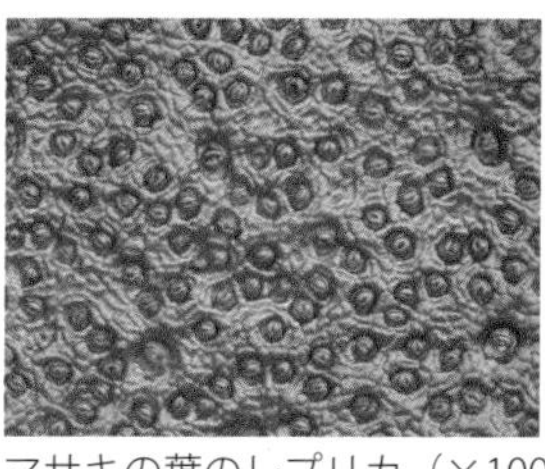

マサキの葉のレプリカ（×100）

アジサイの葉のレプリカ（×100）

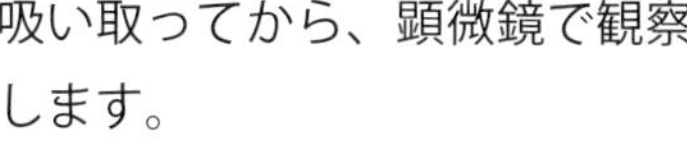

吸い取ってから、顕微鏡で観察します。

◆レプリカのつくり方

厚めの葉の裏に、グルーガンで溶かした樹脂をたらします。その上からスライドガラスを押しつけて、冷めてから葉をはがします。それを顕微鏡で観察します。

葉のやわらかいものは不適です。マサキ、アジサイ等がよく見えます。レプリカは保存がききますので、班の数ずつつくっておくと、いざというとき役立ちます。

やってはいけない

■基本となる気孔の観察をさせずにいろいろな植物の気孔を探させること

気孔の大きさや分布密度などに違いがあるので、混乱の元になります。ツユクサ類で慣れさせてからにしましょう。

うがい薬ででんぷん調べ

❶なぜでんぷん（澱粉）

でんぷんは「澱粉」と書きますが、これはオランダ語 Zink-Poeder「沈殿しやすい粉」を「澱粉」と訳したことに由来します。おろし金ですりつぶしたジャガイモを、ガーゼで包み、水中で揺らし、上澄み液を捨てる操作を繰り返すと、でんぷんを取り出すことができます。片栗粉の成分はでんぷんですが、本物のカタクリから取れるでんぷんはとても高価なので、一般の片栗粉にはこの馬鈴薯でんぷんが使われています。

沈殿したでんぷん

❷うがい薬ででんぷん調べ

イソジンという市販薬は、ヨウ素成分を含んでいるので、子どもたちが自由研究ででんぷん調べをする時に、ヨウ素液と同じように利用できます。

理科の授業で利用したヨウ素溶液と同じように、うすめてから利用します。

❸紙とでんぷん

コピー用紙やノート用の紙が製造される時、紙の繊維同士をしっかり結びつけたり、インクの染みを防ぎ、ペンの滑りをよくしたりするために、でんぷんが使われます。このため、ノートやコピー用紙にうがい薬をたらすと青紫色になります。コーヒーフィルターやキッチンペーパーは､食品の味を劣化させないために､でんぷんは加えてありません。化学実験で利用するろ紙も、でんぷんの影響を避けるために、でんぷんは不使用です。

❹高温にしないこと！

唾液の実験では口中（体温）に近づけるために、試験管をぬるま湯につけました。高温にすると、酵素が分解されて消化できなくなるからです。この他、ヨウ素でんぷん反応が起きるのは、でんぷんの粒の中にヨウ素が取りこまれて青くなるからといわれます。高温にすると、ヨウ素の粒がでんぷんからはじき出されてしまうので無色になり、ヨウ素でんぷん反応を調べることができないからです。

落ち葉を食べるダンゴムシ。

4章 生き物と環境

◉これだけは押さえたい

- 植物は光が当たると、二酸化炭素を吸収して酸素を発生していること。
- 生物は水や空気を通して、環境と関わり合っていること。
- 生物の間には、食べる食べられるという食物連鎖があること。

◉指導のポイント

- 今までに学んできたことを、環境と結びつけながら考えます。はじめに、空気については、物を燃やす時や呼吸で、酸素が使われ、二酸化炭素が発生していることを復習し、この酸素をだれが生みだし、二酸化炭素を吸い込んでいるのか、実験をして確かめます。
- 人や他の動物、植物の体には多くの水が含まれていることや、植物は水がないとしおれて枯れてしまうこと。人や他の動物も、体内の水分が少なくなると、生命の危険性があることに触れます。
- 肉食動物が草食動物を食べ、草食動物が草を食べていることから、植物が動物たちの基本の食材になっていることに気付かせ、食物連鎖のしくみを紹介します。

25 ダンゴムシの飼育と観察

時間 1単位時間

落ち葉や死骸等を食べて食物連鎖を支えるダンゴムシについて学びます。

ポイント

◉落ち葉が自然になくなるしくみを、ダンゴムシを飼うことによって観察します。ダンゴムシは乾燥に弱いので、霧吹きを利用して落ち葉が乾かないように飼育します。

準備するもの

◎ダンゴムシ◎水槽◎落ち葉（腐葉土）◎霧吹き◎シャーレ◎虫眼鏡等

○ダンゴムシの採取

ダンゴムシは夜行性なので、夜間、活発に活動します。昼間は落ち葉や植木鉢の下のような暗くて湿っている場所にいます。１匹ずつ採取するのではなくて、落ち葉と一緒にすくい取るようにします。

○水槽の準備

ダンゴムシを飼う水槽には、腐葉土のような落ち葉を含んだ土を入れるか、ティッシュを敷き詰めます。乾燥には弱い生き物なので、霧吹きを利用して、腐葉土やティッシュを湿らせた状態にします。

◆腐葉土が狙い目

収穫後のキャベツ畑や腐葉土をつくるために落ち葉を積んである場所を探すと、ダンゴムシがたくさん集まっています。

◆ダンゴムシは甲殻類

一般に呼ばれるダンゴムシはオカダンゴムシです。エビやカニのような甲殻類の仲間で、頭には触覚、胸部には７対の脚があります。刺激を受けると丸くなるので、ダンゴムシと呼ばれています。約１カ月ごとに脱皮をして、大きくなります。

○ダンゴムシの雌雄

ダンゴムシのめすは、腹部に卵を抱きます。卵から６～７回脱皮を繰り返し成体になり、寿命は半年程度で越冬します。めすは表に丸い印がたくさんあります。

めす

おす

○ダンゴムシの食事

食べあとのない落ち葉を、湿ったティッシュの上に置いてからダンゴムシを入れます。数日で落ち葉を細かく砕き、周りには糞がたまります。

ダンゴムシを入れた直後

ダンゴムシを入れて２週間後

◆ダンゴムシが好きな物は

広葉樹の落ち葉が好物です。落ち葉でも、常緑樹の落ち葉は固く厚いためか、なかなか食べません。街中ではコンクリートブロックにすみついて、殻の材料となるカルシウムを食べることもあります。

◆土壌生物の仲間たち

ミミズ、トビムシ等多種多様な生き物が、落ち葉や死骸を土壌に戻す役割を担っています。

やってはいけない

直射日光が当たると乾燥して、弱ってしまいます。教室で飼育する時も、直射日光が当たらない場所に水槽をおきます。

雑食性ですが、煮干し等動物質のエサはカビが生えやすいので、なるべく使わない方がよいでしょう。

26 光合成で酸素の発生を確かめる

時間 1単位時間

植物が酸素を発生し、二酸化炭素を吸収していることを実験で確かめます。

ポイント

◉この実験を成功させる秘訣は、**袋内の二酸化炭素濃度を高くすることです。晴天下で行えば、30分でも十分に光合成を確認できます。**

準備するもの

◎ポリエチレンの袋（30cm×45cm）◎ゴム管◎気体検知管（酸素、二酸化炭素用）◎気体採取器◎時計◎紐（ビニタイ）◎粘着テープ◎はさみ等

【調べ方】

①袋とゴム管の準備

桜、キンモクセイ等の枝に、袋をかぶせます。袋の口からゴム管を挿入して、紐で軽く縛ります。

②袋内の二酸化炭素濃度を濃くする

ゴム管の端を口でくわえ、袋の中の空気を吸ったり吐いたりを10回程度繰り返し、袋内部の二酸化炭素濃度を濃くします。

◆利用する植物

鉢植えでも可能です。茎の部分で袋が縛りやすい植物が適しています。

◆呼吸を利用する理由

空気中の二酸化炭素はとてもうすく、酸素は濃くなっています。そこで、呼吸を利用して、二酸化炭素を濃く、酸素をうすくすることにより、光合成の様子を確かめやすくしています。農業栽培では意図的に二酸化炭素を濃くして、成長を促している例もあります。

※二酸化炭素の濃度を上げようとして、何十回も吸ったり吐いたりするのは、危険です。10回程度にとどめておきましょう。

③開始時の空気を調べる

袋の端にはさみで切れ込みを入れます。気体検知管と気体採取器を利用して、袋の中の酸素濃度と二酸化炭素濃度を調べます。気体検知管を袋から抜いたら、気体が漏れないように、切り込みを粘着テープで封じます。

④一定時間後の空気を調べる

30分から１時間経過したら、袋の中に付着した水滴を吸い込まないようにして、酸素濃度と二酸化炭素濃度を測定します。

結果例　７月の晴天　時間帯９：30～10：00
植物　キンモクセイ
酸素濃度　16%→18%
二酸化炭素濃度　５%→３%

◆袋の確認

袋の口は紐で縛ってあるか、気体検知管の挿入口は、テープで目張りをしてあるか確認させます。

◆植物に光を当てる時間

晴天下なら30分でも十分に、光合成が確認できます。雨天の場合は、気体検知管に水滴が入り込むと測定できなくなるので実施しません。

◆蛍光灯の光は

太陽光に比べて、蛍光灯のような人工照明は、桁違いに明るさが足りません。この実験は太陽光で行います。

葉に日光が当たると、二酸化炭素が減って酸素が増えました。植物は、二酸化炭素を吸収し、酸素を発生しているのです。私たちの呼吸と逆のことをして、地球の酸素をつくりだしています。

27 水中の微生物を集める

時間
プランクトンネット作成
20分
現地採集
1単位時間

水中の微生物を集めるには、こつがあります。それさえわかれば、確実にGETできます。安全に気をつけて採集してください。

ポイント

◉魚のいない池等、微生物のいそうなところですくいます。
◉プランクトンネットをつくっておくと効率良く集められます。

準備するもの

◎網◎ペットボトル◎バケツ◎チャックつきビニール袋◎プランクトンネット◎水槽◎エアレーション器具

1. 魚のいない池や沼、田んぼなどで探す
ペットボトルで水をすくうだけで、何かが泳いでいるのがわかります。

すくっただけで、カイミジンコが泳いでいました。

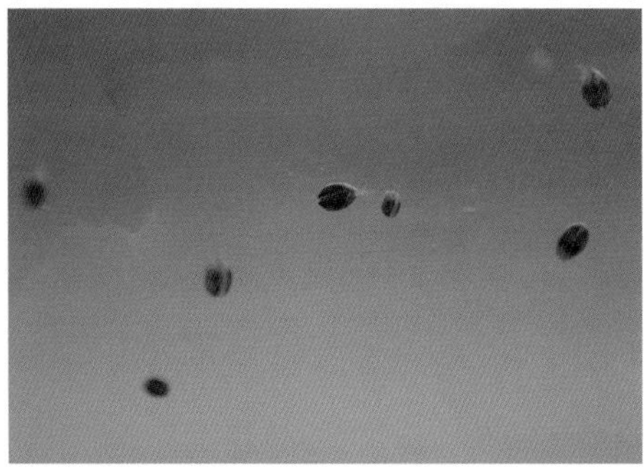

2. 池や沼の水底の落ち葉を網ですくう
落ち葉には、何かしらの微生物がくっついているので、葉をスライドガラスになすりつけて観察します。
3. プールを利用する
冬の間プールに水を入れっぱなしにする地域では、プールで探します。次ページのようなプランクトンネットを自作して、すくってみましょう。
4. 魚のいる池や沼
浮遊性のプランクトンは食べられてしまって少ないので、プランクトンネットが必要になります。何度もすくって集めます。

◆「何が出るかな水槽」をつくる

すくってきた落ち葉を水槽に入れておきます。ろ過器は使わず、エアレーション器具だけ使います。しばらくすると、何かしらのプランクトンが泳ぎ出したり、魚が生まれてきたり、ヤゴが出てきたりします。何が出てくるかわからないのが、楽しみです。

● 「プランクトンネット」の注意点

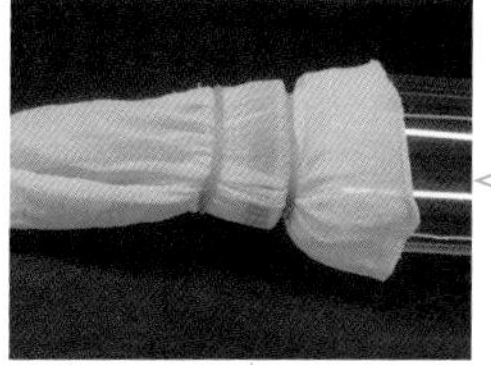

（3の注意点）びんが落ちないようにしっかりとめましょう

ぎりぎりにつけるとプランクトンが入りやすい

（4の注意点）2重巻きにした輪ゴムをパンストに通してから

広げて折り返して、口のところでとめます

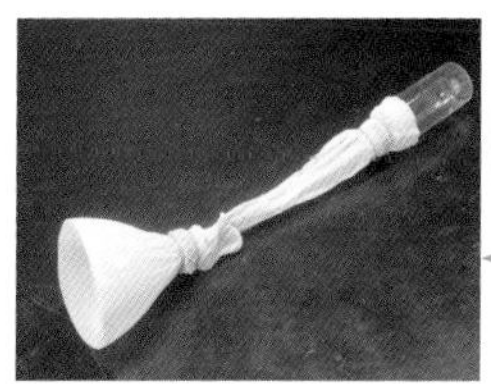

完成です。ペットボトル側から水を流し込めば、余計な水はパンスト部分から流れていき、プランクトンがびんにたまります

◆「プランクトンネット」をつくる

【用意するもの】

◎1.5Lペットボトル◎古いストッキング◎小さなヨーグルト飲料のびん◎ひしゃくや手桶等◎輪ゴム◎カッター◎はさみ

1）ペットボトルを上部3分の1あたりで切ります。

2）ストッキングの上下を切り、筒状にします。2重に巻いた輪ゴムを2本パンストに通しておきます。

3）ヨーグルトびんにストッキングをかぶせ、スクリュー部分に輪ゴムをかけて固定します。

4）もう1度輪ゴムを2本通してから、ストッキングのもう片方をペットボトルの飲み口側から通し、広げて折り返して、飲み口のところで、輪ゴムでとめます。

5）ひしゃくや手桶等で水をくみ、ペットボトルの切った方から注ぎ込みます。プランクトンはびんにたまります。

やってはいけない

■下見なしで採集に出かけること

池や沼、田んぼなど、事故の起きる可能性がありますから、下見はしっかりとします。

28 水中の微生物の観察

時間 1単位時間

水中の微生物はさまざまな形をしています。子どもと一緒にミクロの不思議な生き物を探しましょう。

ポイント

◉落ち葉から探します。
◉ミジンコ水槽から探します。
◉緑色を探します。

準備するもの

◎シャーレ◎駒込ピペット◎ホールスライドガラス◎スライドガラス◎カバーガラス◎顕微鏡◎デジタルカメラ◎ティッシュペーパー◎ピンセット

【ミジンコ水槽のつくり方】

1. メダカ水槽等の水が緑色になったものを、空の水槽に移します。
2. プランクトンネット等を使って採集したミジンコを、緑の水の水槽に入れます。
3. そのまま半月ほど待ちます。
4. ある日、突然水が透明になって、無数のミジンコが泳いでいる様子が見られます。
5. ミジンコ水槽は、保険のため２つか３つに小分けしておきましょう。ミジンコは大発生しすぎると、急激に環境が悪くなって全滅します。多くなりすぎたら、網ですくってメダカに食べさせるなどして、間引かなくてはなりません（かわいそうですが）。
6. 緑の水があれば、それをエサとして与えます。なければ、メダカのエサ等を乳鉢ですりつぶしたものを３日に１度くらいひとつまみ与えます。
7. 水替えはしません。蒸発して少なくなった分について、緑の水やくみ置きの水を足してください。水槽が汚れたら、新しい水槽に緑の水をたして、ミジンコを移し増やすようにします。

◆落ち葉から探そう

水底にあった落ち葉をスライドガラスになすりつけ、カバーガラスをかけて顕微鏡で観察します。きっと何か見つかります。

◆ミジンコ水槽から探そう

1）ミジンコを水槽やビーカーで増やして、その水をすくい、それをいったんシャーレに注ぎます。
2）何かが泳いでいるのが見つかったら、ピペットでホールスライドガラスに移します。カバーガラスをかけ、ティッシュペーパーで余分な水分を拭き取り、顕微鏡で観察します。

【記録を残す】
顕微鏡の接眼レンズに、デジタルカメラやスマホのレンズを当てて角度をうまく調整すると、顕微鏡写真が簡単に撮れます（写真左側）。マクロ撮影に強いデジタルカメラだと、水槽のガラス越しにミジンコを写せます（写真右側）。

○ミジンコの写真

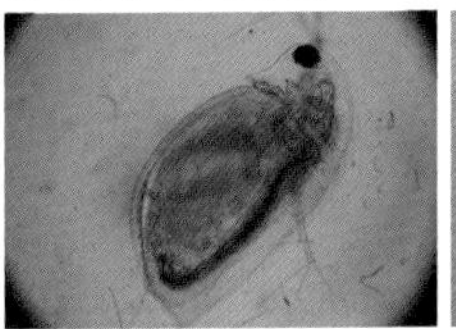
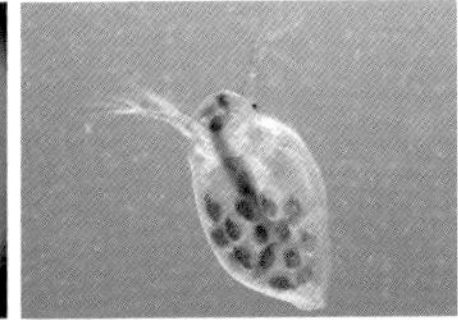

右の写真は、背中が見えています。丸いのは卵です。

○ケンミジンコの写真

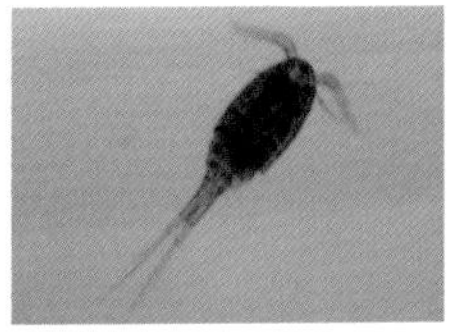
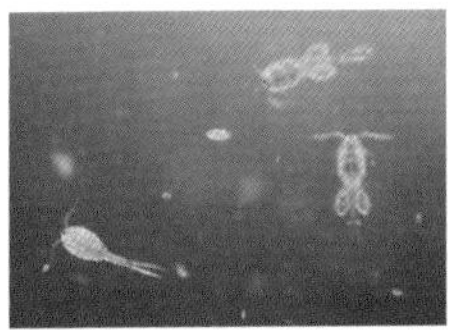

○カイミジンコの写真

◆緑色の水から探そう

- 緑の水をピペットで取り、スライドガラスに１滴落とします。
- カバーガラスをかけ、ティッシュペーパーで余分な水分を拭き取り、観察します。
- 水槽のガラスについた緑色をこそぎ落としたり、緑色の藻をとったりして観察します。これらはすべて植物プランクトンです。

【参考】

ミジンコの泳ぎ方

- ミジンコ…ピョンピョンと跳びはねるような泳ぎをします。
- ケンミジンコ…ツンツンツンと直線的な泳ぎをします。
- カイミジンコ…うにょうにょと連続的な泳ぎをします。

やってはいけない

水中の微生物は、サイズも形も多種多様で、わからないものだらけです。でも、名前がわかる必要はありません。動き回るものは動物プランクトン、動かないもの、緑色のものは植物プランクトンというくらいの、大まかな区別がつけばいいのです。細かな分類にとらわれずに、子どもと楽しみましょう。

求められる生物多様性

生物多様性という言葉を見聞きします。生物多様性とは、多くの種類の生き物が一緒に生活できるということです。具体的には、次の３つがあります。

・生態系の多様性

生き物たちが生活する、原生林、里山、原野、干潟など、いろいろなタイプの自然や環境があることです。

・種の多様性

魚やほ乳類のような動物、タンポポや桜のような植物、納豆菌のような細菌等、いろいろな生き物がいることです。

・遺伝子の多様性

同じ人類でも、皮膚の色や顔立ちが異なるように、同じ種でも異なる遺伝子をもつことによって、種の中に多様な個性があることです。

❶生物多様性は人の生活に恵みをもたらす

生物多様性が大切なのは、次のような恵みをもたらすからです。

・植物によって酸素や水がつくられ、命の基盤となっています。

・食品や医薬品、木材、医療品をつくる源になっています。

・森林を保全することで、災害を防止することができます。

❷生物多様性を脅かすもの

今、地球上で生物多様性が脅かされています。戦後の著しい経済成長により、人の生活が高度になり、乱開発が行われました。燃料転換や過疎化により、里山が荒れたり、耕作されない田畑が増えたりしました。さらに、外来生物（ウシガエル、ミシシッピーアカミミガメ、ブラックバス、セイヨウタンポポ等）により、日本固有の生き物が失われています。私たちは、生物多様性を守るためにも、いろいろな活動をしていくことが求められています。

❸外来種を増やさないために

外来種による被害を防ぐためには、まず外来種を国内に持ち込まないことです。次に大切なことは、飼っているペットを捨てたり、釣りあげた外来魚を元の場所に戻さないだけでなく、別の沼や湖に逃がしたりしないことです（環境省をはじめとする行政も、外来種に対策を講じています）。

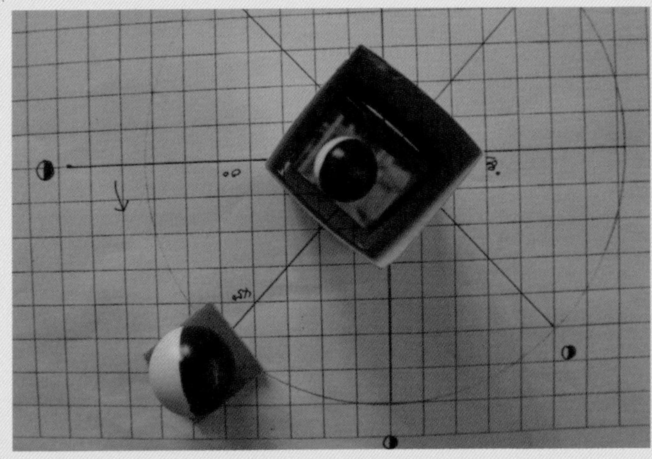
月の満ち欠け（鏡を利用した自作教具）

5章　月の形と太陽

◉これだけは押さえたい

- 月の表面の様子と太陽の表面の様子に違いがあること。
- 月の満ち欠けは、太陽と月の関係によって変わり、月の輝いている側に太陽があること。

◉指導のポイント

- 太陽と比較しながら月面の様子や、月の満ち欠けのしくみを学びます。
- 月面の様子は双眼鏡や望遠鏡で観察できますが、授業中の観察は困難なので、教科書の写真や図書、映像資料を利用します。
- 観察用紙を用意して、月の満ち欠けを観察させます。図の中に目標物を書き込み、月の位置をはっきりさせること。観察する時刻をだいたい揃えて観察させること。月の満ち欠けをはっきり書き込むことが大切です。
- 月の満ち欠けのしくみを調べる方法は、①自分が回転椅子に座り、ボールを月と見立てて、光源の脇で動く方法。②自分がいる位置を固定して、月を移動させる方法があります。本書では鏡を利用した自作教具も紹介しています。

29 月の満ち欠け

時間
60分
10セットつくる準備に約60分

暗幕がなくても大丈夫。班ごとに観察でき、教師も結果を確認できます。

ポイント

- **◉暗幕がなくても、月の満ち欠けの実験ができます。**
- **◉子どもたちがちゃんと見えているか、教師が確認することができます。**

準備するもの

◎工作用紙◎ミラーシート（0.5mm以上の厚さがある物）◎ピンポン球◎がびょう◎両面テープ◎粘着テープ◎ボンド◎厚紙◎油性ペン（黒）◎分度器◎コンパス

ピンポン球で月をつくります。

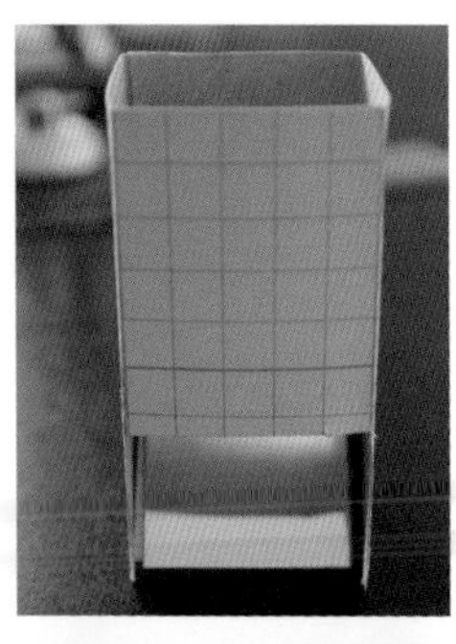

地球の部分です。1辺だけ4cmほど切ります。

鏡を45度の角度にするのが大切です。

ピンポン球を鏡に映すことにより、月の満ち欠けが見てわかる装置です。

1　月をつくります。ピンポン球の半分を黒く塗ります。その底にボンドを塗ったがびょうを刺します。（黒く塗った部分が垂直に立つようにします）。

2　そのがびょうを両面テープで厚紙（5cm×5cmほど）に貼りつけます。これで安定します。

3　地球に当たる部分をつくります。1辺が5cmで高さが10cmの四角柱を作ります。底面は必要ありません。1辺だけ、4cmほど切り取ります。

4　ミラーシートを1辺が5cmの正方形に切ります。それをのりしろのついた台紙に両面テープで貼りつけます。

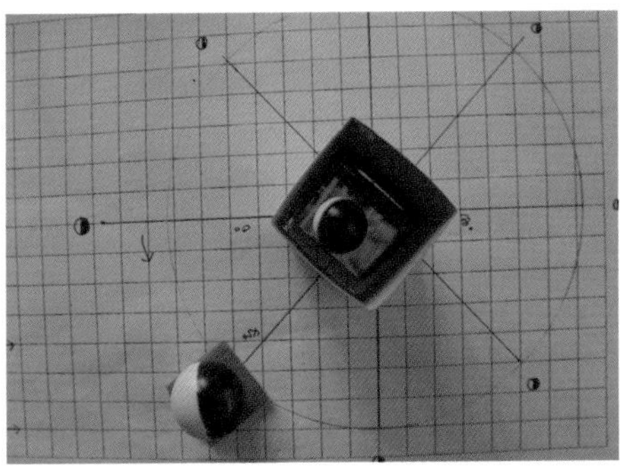

このような用紙の上で使います。

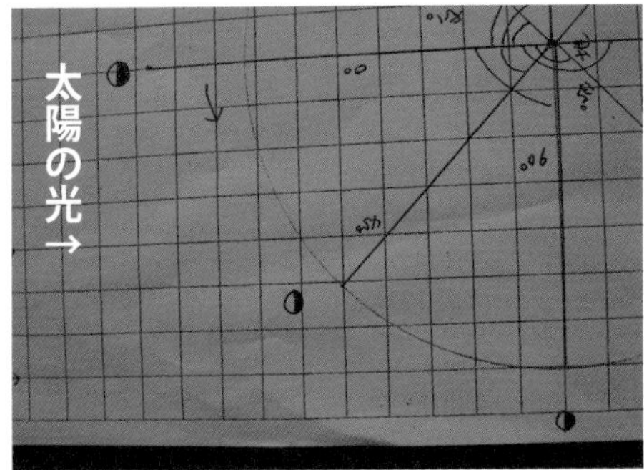

月の白い部分をどちらに向けるかわかるように、用紙に図示しておきます。

5　そのミラーを、45度の角度で四角柱に取り付ければ地球部分のできあがりです。

6　月の公転軌道をつくります。A3の紙に半径14cmの円を描きます。写真のように、0度、45度、90度、135度、180度と45度ずつ線を引きます。そして、どの向きにピンポン球を置くかの図を入れます。太陽の光が来る方が白くなるようにします。

上から覗くと、鏡に月の満ち欠けした姿が映ります。子どもが見ている物を、教師も確認できます。

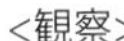

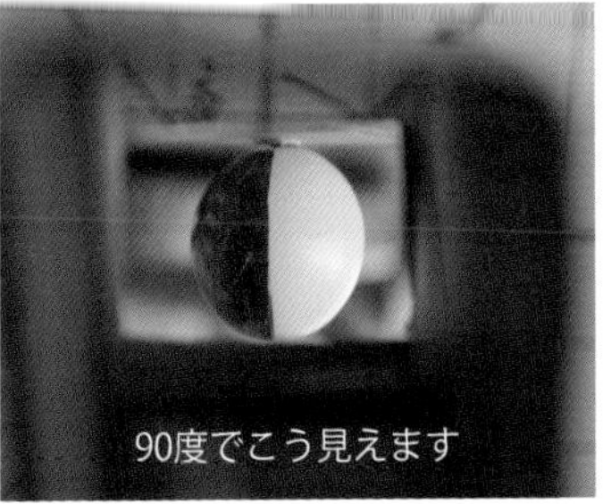

四角柱の上から覗くと、0度の時に新月、45度の時に三日月、90度の時に半月、135度の時に十三夜、180度の時満月に見えます。およその角度が頭に入ると、実際の月を見た時太陽との位置関係がわかりやすくなります。

野呂茂樹「月の満ち欠け」『理科実験の教科書 6年』を参考にしました。

やってはいけない

このモデルだけの学習ではいけません。実際に月と太陽が90度の位置関係の時、半月になります。実際の観察とこのモデルがピタリと合うことを確認しましょう。

30 昼の月の観察

時間
1、2、4日目10分、3日目30分

数日間、昼の月を同じ時刻に観察することにより、
月の形が変わること、月の見える位置が東へ動いたことに気付きます。

ポイント

◉昼に月を観察しやすいのは、下弦の月や上弦の月の前後です。下弦の月が沈む時刻は午前9時半くらいから午後1時と季節によってかなり違います。また、上弦の月の出も、午前10時ころから午後1時半と季節によってかなり違います。

準備するもの

◎方位磁針◎記録用紙◎クリップボード◎筆記用具◎2人に1つのバレーボール（3日目のみ）
観察する月の情報は、国立天文台
https://eco.mtk.nao.ac.jp/koyomi/
や新聞等から得られます。

【観察　3日間のスケッチ例】

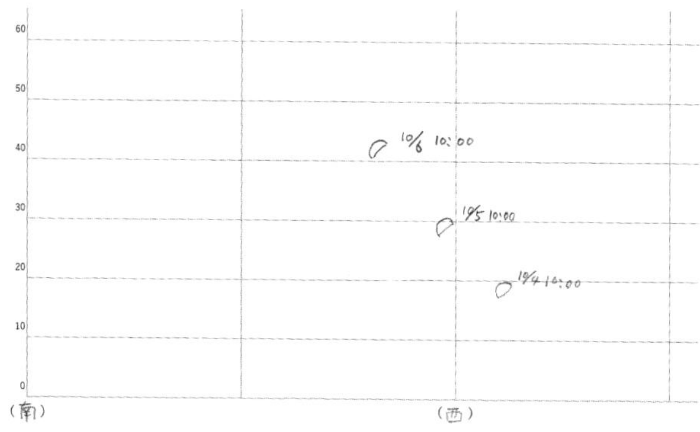

1　同時刻に、月をスケッチさせます。
※スケッチ指導は、本シリーズ4年第6章「月と星」参照。

1日目、2日目はこれで終わり。

【実験】（月のスケッチの後）
いろいろな高さで、ボールを回します。

2　3日目、月をスケッチした後、2人1組で、しゃがんだ1人の子どもの周りを、バレーボールを持った子どもをいろいろな高さで回らせ、気付いたことをメモさせます。

3　交代して、同じ実験をさせます。

月とボールがぴったり重なって見えた時、月の形とボールの光っている部分が同じ形になります。

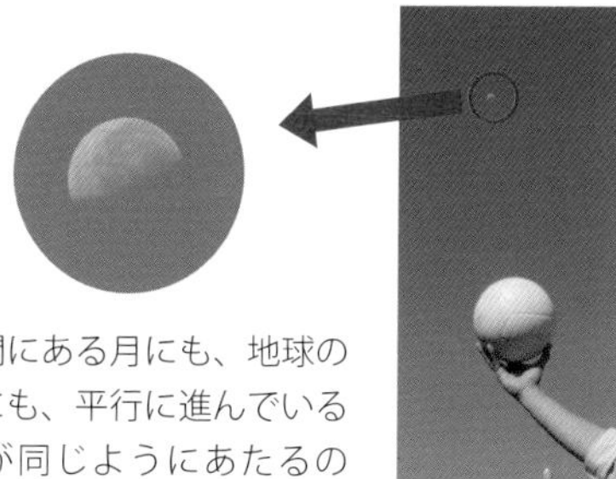

宇宙空間にある月にも、地球のボールにも、平行に進んでいる太陽光が同じようにあたるので、同じ形になります。

予想位置（4日目）

今日の月（3日目）

今日の月は、2日間の月のスケッチのほぼ延長線上にあります。

2日目

1日目

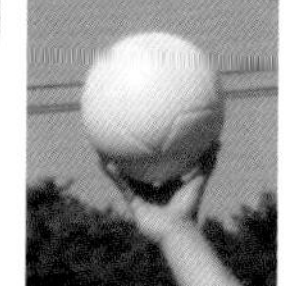

予想位置でのボール

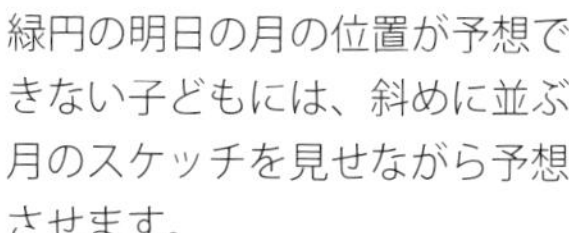

緑円の明日の月の位置が予想できない子どもには、斜めに並ぶ月のスケッチを見せながら予想させます。

4　気付いたことを発表させます。「ボールが満ち欠けしている」等。

5　2人1組で、見ている月と同じ形・傾きになるボールの位置を探させます。

6　1日目、2日目の月と同じ形・傾きになるボールの場所を探させます。

7　気付いたことを発表させます。

8　明日の月の位置を予想させ、その位置での月の形を実験で再現させます。

9　次の日、観察して予想が正しかったか確認してまとめます。

球形のものに光があたると、見る角度によって満ち欠けして見えます。
同時刻に月の見える位置は、毎日東の方に変わります。

月の満ち欠けと月食・日食

❶陰暦と月の名前

月の形が暦として使われていたことがあります。陰暦です。空の月が一番欠けた状態を朔（さく）と言います。朔という字は、「ついたち」とも読みます。陰暦は、新月を一日（ついたち）にした暦です。

陰暦では３日の月が三日月です。そして、朔から約15日経つと満月になります。このことから、ほぼ満月のことを十五夜と呼びます。

陰暦では、七夕の月の形は決まっていました。７月７日は、新月の６日後なので、だいたい半月になるからです。太陽暦だと７月７日がどんな月になるかは、その年によって違ってきます。

こうした月の満ち欠けを、月と太陽と地球との位置関係で説明するのが６年の学習です。

❷月食・日食と月

皆既月食の月は赤く見えますが、この時の月の形は満月です。三日月では月食は起きないのでしょうか。

月食は地球の影が月にかかることで起きます。つまり、月・地球・太陽が一直線に並び、月が太陽の反対方向にある時=満月の時だけに起きるのです。

2014年10月８日皆既月食

一方、日食は太陽が月に隠されることにより起きます。太陽・月・地球が一直線に並び、月と太陽が同じ方向にある時=新月の時だけに起きる現象です。

2012年５月21日金環日食

埼玉県秩父ヨウバケ。

数分でこの模様ができます。

6章……大地の変化

◉これだけは押さえたい

- がけに見られる縞模様は、礫、砂、泥や火山灰が層になっているものであること。
- 地層は、流れる水のはたらきや、火山の噴火によってできること。
- 火山の噴火や地震によって、土地が変化し、災害が発生すること。

◉指導のポイント

- 砂場の砂、花壇の土、陶芸用粘土等を触らせます。礫、砂、泥の名称は、粒の大きさで決まりますが、まず、触った感じを大切にし、その後で、ふるいにかけたり虫眼鏡で観察したりします。
- 堆積実験は、時間をかけて濁った水が澄んでいくと、表面に粘土が堆積していきます。この本では、粘土（泥）の代わりにスポーツ石灰等を利用し、短時間（授業時間内）で結果が出る方法を複数示しました。ぜひお試しください。
- 防災の見地からも、地震や火山に対する知識は大切です。教科書を読ませるだけでなく、教師が集めた新聞記事等を紹介すると、「人ごとではない」という思いをもたせることができます。

31 礫・砂・泥のふるい分け

時間 1単位時間

専用のふるいがなくても、身近な物で礫・砂・泥の区別ができます。

ポイント

- **多くの子どもたちは、湿った土砂が泥だと思っています。**
- **自然科学では、粒の大きさで土砂を分類しています。**
- **手触りを確かめさせることで、実感をもって礫・砂・泥を捉えさせます。**

準備するもの

◎校庭の砂場の土砂（乾燥させておく）◎トレー（各班1つ）◎プリンカップ（各班4つ。ふるい分け前の土砂・ふるい分け後の礫・砂・泥それぞれを入れる）◎茶こし（目が2mmほどの網。各班1つ）◎お茶パック（各班人数分）◎スプーン

礫・砂・泥の分類

礫　粒の大きさが2mm以上
砂　粒の大きさが1/16mm～2mm
泥　粒の大きさが1/16mm以下

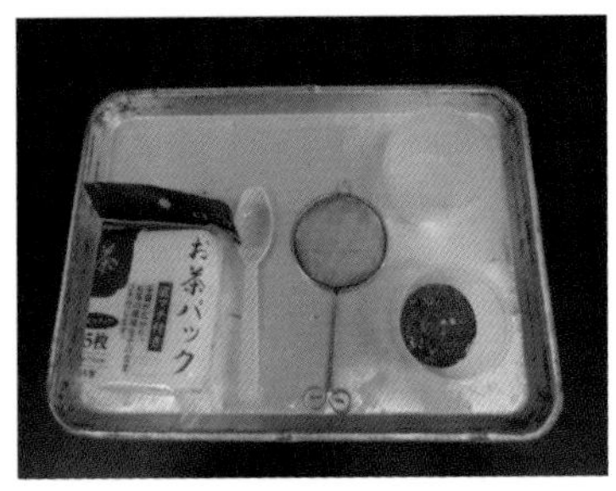

◆実演（手順の説明）

土砂は粒の大きさによって左上枠のように分類できることを伝えます。そして砂場から持ってきた土砂もふるうことで礫・砂・泥に分けられると話し、教師が実演しながらやり方を見せます。

1　目の大きい茶こしを使います。茶こしの目の大きさは約2mmなので、ふるうと礫が残り、

始めに茶こしを使ってふるいます。

次にお茶パックを使ってふるいます。泥は小麦粉が舞うように空中をゆっくり落下していきます。

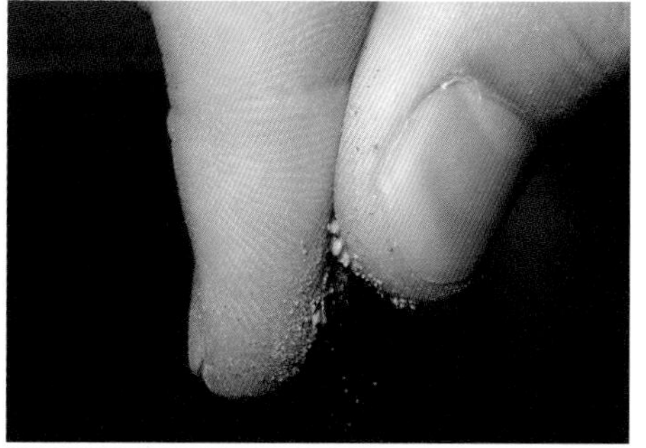

手触りを確かめさせるのがポイント。全員が触って違いがわかるよう促します。

「礫はごつごつ、砂はザラザラ、泥はフワフワ」等、手触りを児童の言葉で表現させるとよいです。

泥がザラザラしないことはすぐにわかります。礫と砂はどちらもザラザラしますが、うまく表現の工夫をさせるようにします。

砂と泥が下に落ちます。

2　目の細かいお茶パックを使います。お茶パックには約1/16mm程度のとても小さな穴があいていて、お茶パックでふるうと砂が残り、泥が下に落ちます。

3　ふるい分けした礫・砂・泥は、それぞれプリンカップに入れ、代表児童に大きさを観察させたり、手触りを確かめさせたりします。

◆活動

子どもたち自身にふるい分けをさせます。茶こしでのふるい分けは班の中で交代させながら、お茶パックは時間がかかるので１人１枚を使ってふるい分けさせます。

八田敦史「土地のつくり」『理科教室』2014年12号を参考にしました。

砂場の土砂をふるい分けしました。はじめに茶こしでふるいました。礫が残り、砂と泥が落ちました。次に、お茶パックでふるうと砂が残り、泥が落ちました。泥はとても細かくふわふわの手触りでした。礫はごろごろ、砂はざらざらしていて、大きさで分けられるとわかりました。

32 岩石に残された生命の化石

時間
30分
(移動時間を含まない)

建物の壁や床の石材に保存されている、生物の化石を観察します。

ポイント

- **◉社会科見学や修学旅行など、校外の学習で実施できます。**
- **◉駅やホテルの壁や床によくみられます。**

準備するもの

◎見学地の地図◎化石の例を示したプリント◎デジタルカメラ◎定規

【石材中の化石の例】

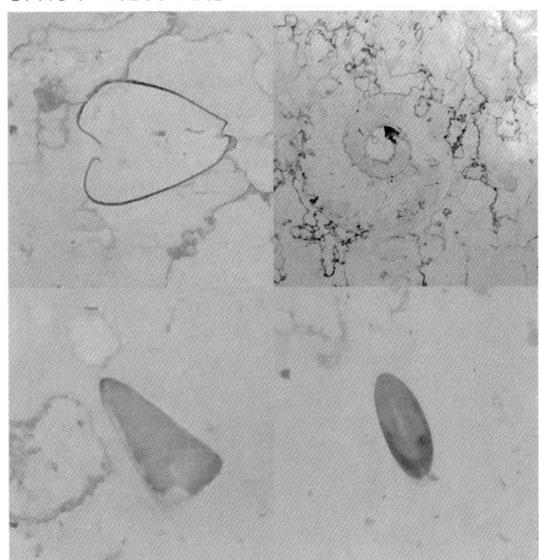

二枚貝の断面（左上）、アンモナイト（右上）
巻き貝の断面(左下)、ペレムナイトの斜め断面(右下)

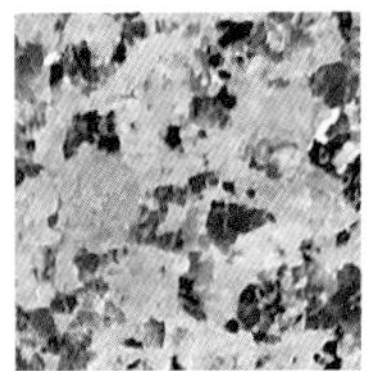

注意！
このようなきらきら光る石材（火成岩）に化石は入っていません！

◆化石の入っている石材を探す

校外行事の下見では、駅やホテル等で壁や床の石材をチェックします。きらきら光る結晶の入っている石材の多くは火成岩ですから、化石が入っていることはありません。

表面が滑らかで、不規則な曲線の模様が入っている石材は、化石が入っている石灰岩や大理石の可能性があります。化石の入っている石材がある場所では、同じ種類の石材を探すと、さらに化石を見つけることができます。

◆資料をつくる

資料には、化石の写真の他に、化石の入っている石材のある場

【化石はここにある】

このような写真を、校外学習のしおり等に載せておくことで、児童が自分の力で化石を探せるようにします。

【スケールを入れる】

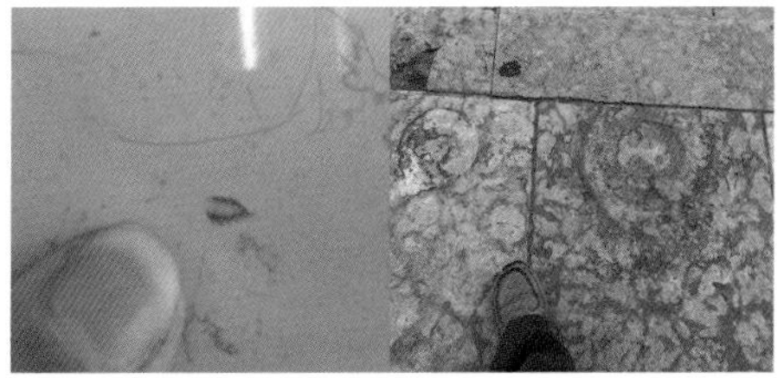

定規がなくても、指や靴を一緒に撮影することで、化石の大きさがわかります。

【種類がわからなくても楽しい】

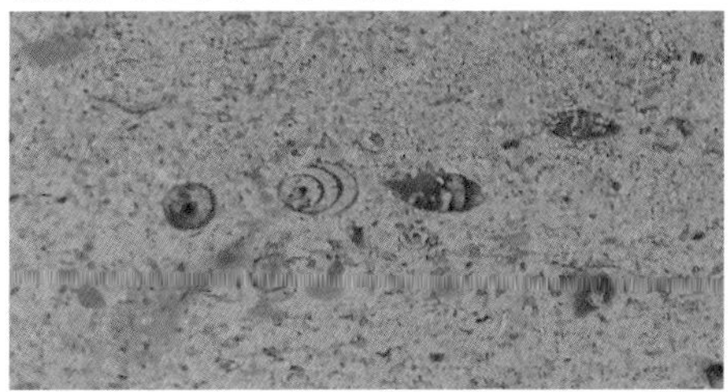

化石の種類がわからなくても、まずは観察させます。生きている時の形を、断面から想像するのも、とても楽しい学習です。

所を、少し離れた位置から写真撮影しておき、地図におおよその場所と一緒に載せておきます。

◆化石を探す

教師が直接化石を教えてもよいのですが、児童が自ら化石を探す活動の方が盛り上がります。教師が準備した周囲の様子がわかる写真をもとに化石を探します。

◆化石を観察する

化石を見つけたら、写真撮影をします。記録の際には、定規やペン等を入れて撮影するよう指導します。化石の種類がよくわからなくても、あとから図鑑やインターネットで調べることができます。「ビル」「化石」「石材」等のキーワードで検索すると、たくさんの写真を見ることができます。

やってはいけない

街中での化石観察は、公共の場で行っていることを忘れてはいけません。駅や通路では、通行の妨げになるような場所での観察は避けてください。ホテルなど建物内での観察は必ず事前に許可を得てください。

33

写真を使った模擬観察

時間 1単位時間

近くに露頭がない学校でも、室内で実施できる模擬地層観察の方法です。

ポイント

- **◉露頭の全体像から、徐々に拡大し、最後は標本を観察できるバーチャル露頭観察です。**
- **◉パワーポイントで作成するので、写真さえあれば誰でも準備できます。**

準備するもの

◎露頭の全体写真◎露頭の分割写真◎特徴的な堆積物や岩石の拡大写真◎特徴的な堆積物や岩石の標本◎PCもしくはタブレット端末

【教材準備（デジタル版）】

- 露頭の全体写真は、遠くから撮影するか、デジタルカメラのパノラマモードを使って撮影します。拡大部分は、近くで撮影します。
- パワーポイントの各ページに１枚ずつ写真を配置し、全体写真のページ上に印をつけ、拡大写真にリンクさせます。同様に、拡大写真にも、特徴的な堆積物や岩石の写真にリンクを張ります。
- pdfファイルに出力しておくと、タブレット端末で写真を拡大することができます。

【全体写真のページ】

◆授業展開

- 露頭の写真を見て、気付いたことをメモしたり、簡単なスケッチを描いたりします。
- タブレット端末の場合は、拡大したい部分をスワイプである程度拡大し、観察します。新たな気付きがあれば、最初のメモやスケッチに書き足します。
- スクリーンに投影し全体で観察する場合や、グループで１台のタブレット端末を使う場合は、観察しながら気付いたことや拡大したい部分について話し合います。

【拡大写真のページ】

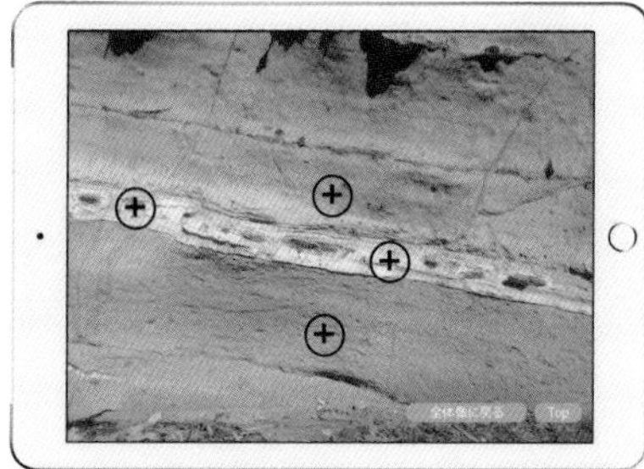

【特徴的な部分の写真】

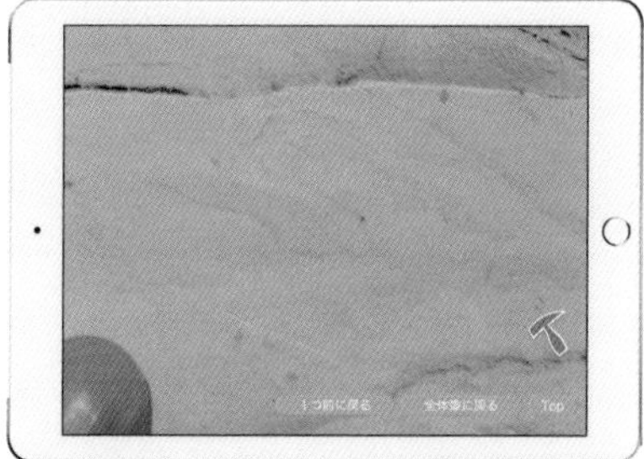

【準備した標本】

※機材がない場合は、スクリーンで全体授業をしてもよいし、紙での授業もできます。

・さらに拡大し（リンク先に移動し）、露頭を構成する岩石等の特徴を調べます。
・実際の標本を観察し、露頭のどの部分がどのような特徴なのか、最初に描いたメモやスケッチに追記します。

◆観察結果

・児童の発表から「白い地層は軽くてやわらかかった。泥岩だった」「色の濃い地層はれき岩でできていた」等の感想を引き出し、観察結果をまとめ、「縞模様は粒の特徴が違うものでできた岩石によるものである」等の考察を引き出します。
・さらに、「丸い粒があるので、水の働きで堆積した」「キラキラした粒があるので、火山の活動があった」等、既習の知識を活用して考察を深めます。

・白い地層は軽くてやわらかかったです。
・色の濃い地層は、れき岩でできていました。

34 地層観察のポイント

時間
事前授業、野外観察
各1単位時間
(移動時間を除く)

専門知識がなくてもできる、スケッチをしなくてもよい地層の観察方法です。

ポイント

◉事前授業で、児童が露頭で何を調べるのか具体的に決めておきます。

◉露頭では、スケッチはせず、観察して気付いたことを文字で記録させます。

準備するもの

◎課題発見プリント◎観察記録プリント◎バインダー(探検バッグ)◎移植ごてやねじり鎌◎帽子やヘルメット◎定規やメジャー◎長靴か汚れてもよい靴

【課題発見プリント】

・プリントはA3にカラーで印刷します。

・プリントの①には「地層」に関係する気付きを記入させます。例えば「いろんな色の縞がある」「縞のないところがある」「ごつごつしている部分がある」「層の厚さがバラバラ」。

・②は、①をもとに記入させます。「縞の色が違うのはなぜ？」「粒に違いはあるの？」「地層は奥まで続いているの？」等の疑問を引き出します。

◆授業展開

1 事前授業

・露頭の写真を見て、気付いたことを課題発見プリントに書き、交流します。植生や崩れた土砂が気になる児童が多いようですが、学習と関係のある気付きを引き出します。

・気付いたことをもとに、野外で調べてみたいことを具体化します。この時「実際に調査できること」の見通しをもたせることが大切です（堆積した時代等は、野外観察で調べることはできません）。

【観察記録プリント】

・観察記録プリントは、写真をうすめに印刷し、写真上にも文字を記入できるようにします。
・①には課題発見プリントでたてた「調べてみたいこと（課題）」を転記させます。
・②には課題に対応する観察結果を記入させます。この時、粒の大きさや形、地層の広がり等に気付かせます。例えば①が「縞の色が違うのはなぜ？」であったのに対し、「白いところはキラキラの砂で、茶色いところは粘土だった」等と具体的に記入するよう促します。
・露頭によっては「調べてみたけど、わからなかった」ということもあり得ます。その時は、それも正しい観察結果の１つであることを伝えます。
・さらに③や④は観察の過程での発見や疑問を自由に記入させます。

※発見から、過去の出来事を自由に推測することを児童と一緒に楽しんでください。

2　野外観察

・最初に安全確認をします。
・各自が何を調べるのか、もう１度確認します。
・移植ごて等の道具は最初に配らず、観察に必要になった児童に渡します。
・観察中は、児童がそれぞれの調べてみたいことを観察しているか声をかけて確認します。
・時間があれば、観察中の新たな関心事を探究させます。

3　児童の観察結果や発見したことを交流

・例えば、「丸い粒があるので、水のはたらきで堆積した。」「キラキラした粒があるので、火山の活動があった」「縞模様は、粒の大きさや種類の違いによる」「地層は奥の方まで続いていて、広がっている」「水のはたらきでできた地層がありました」等、観察した事象について、既習の知識を活用して考察を深めます。

しま模様に見えるのは粒の大きさや種類がちがうからです。
地層はがけの表面だけでなく、奥にも広がっています。

35 地層のできるわけ

時間
砂、泥、砂、泥の模様ができるのに
10分

泥と砂が混じっても、水に沈む時にははっきりと分かれます。

ポイント

◉泥の代わりにスポーツ石灰を使用します。
◉試験管で１人１人に取り組ませます。

準備するもの

◎洗った砂（１L）とスポーツ石灰（以下「石灰」と記す。１L）を混ぜた物◎試験管（各班人数分）◎ビーカー（100mL）◎試験管立て◎牛乳パックでつくったとい（各班）◎ガラス棒◎薬さじ

授業前に、砂場の砂をよく洗い、泥汚れが出ないようにします。40人分で、１Lほど使います。それに石灰を１Lほど混ぜます。

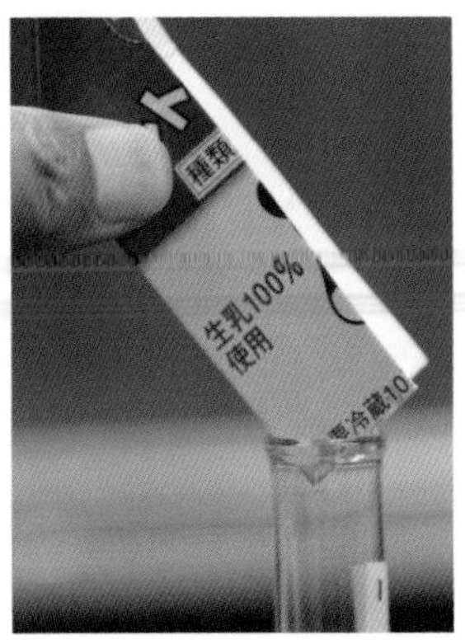

実際に注いで見せます。といは川の代わり、試験管は海の代わりです。たまった砂はガラス棒でかき落とします。
話し合いをしている間にも、砂が下、泥の代わりの石灰が上になります。分かれることがわかればよいので、石灰が沈むのを待つ必要はあり

◆授業展開

1　代表の子どもに、石灰を触らせて、ザラザラしないこと、つまり泥の代わりであることを確かめさせます。

2　といの上に薬さじ１杯分の砂と石灰を混ぜた物を入れ、10mLの水を流す用意をして問います。

「これを試験管に入れると、混ざったままですか、分かれますか」

3　自分の考えをノートに書かせ、発表させます。

4「重い砂が先に沈んで、分かれる」「混ざったのだから分かれない」という意見が出されたら、結果を見せます。

砂が下に沈み、白い石灰がその上になっています。

ません（沈むのを待っていたら、１時間の授業で結果は出ません）。
試験管には50mLほどしか入らないので、１回に流し込む水の量は10mL程度とします。

＊時間をおかずに投入すると右のように薄い層になります。

・繰り返しやってみましょう。
２回の投入で、左のような模様ができます。
・短時間で繰り返すと、右のように細かく何層ものモデルができます。
・砂と石灰は水と一緒にバケツに集め、来年も使います。
・実験の結果を写真に撮り、掲示しておくとよいです。

5　自分でも試すように伝えます。ただし、投入するのは２回以上とします。
6　各班ごとに、砂と石灰を混ぜた物を小分けにして分け、１人１人取り組むように伝えます。

授業時間以内に全員が取り組めるようになるこつは、石灰が沈みきるのを待たずに２回目の投入をすることです。待たなくても、砂が洗ってあれば層が分かれます。手早くやる子なら、３、４回投入できます。

・混ざった砂と泥は、砂が下で、泥が上になりました。
・２回入れると砂、泥、砂、泥の層ができました。
・地層の縞模様ができるのは、大きな粒が先に沈むからです。

36 地層のでき方
（流れる水のはたらき）～鉛直流入の場合～

時間
3回投入でも
10分内に
きれいな
地層の
重なりが
観察
できます

短時間で、地層のでき方がわかる実験ができます。土砂の工夫がポイントです。

ポイント

◉真砂土からの泥、または苦土石灰を用いると、短時間で「地層のでき方」が観察できます。
◉土砂を一気に流し込みましょう。2回目以降は、水が濁っている状態の時でもかまいません（1～2分間隔で流し込んでも大丈夫です）。

準備するもの

◎土砂（泥：砂：礫を水で練り合わせ物（実験後、回収・乾燥・保管できます））◎メスシリンダー（100mL）◎受け皿◎とい（プラスチック板をV字に曲げたもの等）◎スプーン◎ビーカー◎水

【実験】

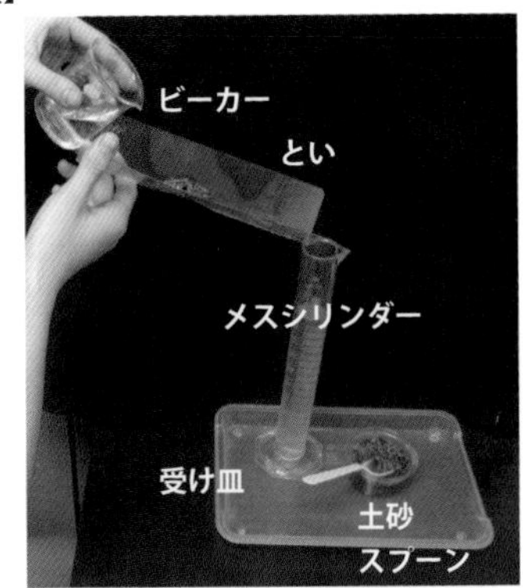

真砂土から泥・砂・礫（およそ1：1：1）の例

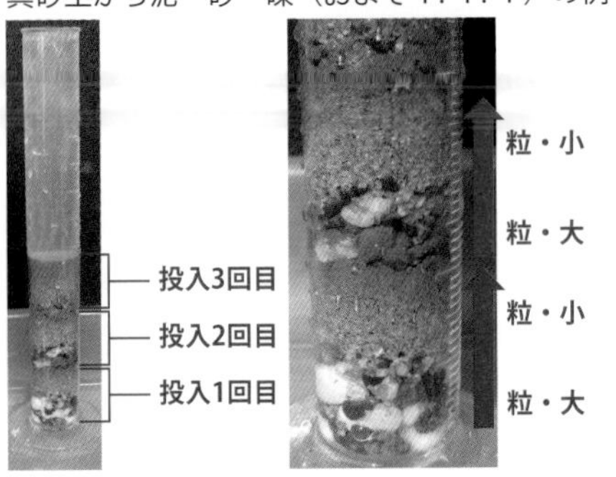

◆授業展開

□1　粒の大きさの違う泥、砂、礫を水で練り合わせた物を見せて問います。

「メスシリンダー内の水に注いでしばらく置くと、泥、砂、礫と分かれますか」

・よく混じっているので分かれないと思います。
・粒の大きな礫が先に沈むから、分かれると思います。

この予想を確かめるための実験です。

＊苦土石灰・砂・礫（およそ1：1：1）の例

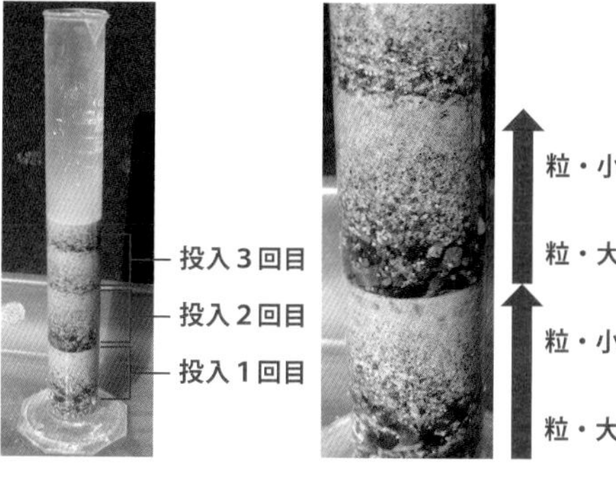

【土砂について】

・泥を採取するには、土を水に入れ、目の細かい茶こしや粉ふるいで大方の砂・礫を取り除き、しばらくして（砂混じりの）泥が底にたまったら、濁っている水を捨てます。新しい水を入れかくはんし、濁り水を捨てる処理を、繰り返します（５分の４ほどの土砂を捨てることになります）。
・真砂土（「固まる土・ブラウン」（ホームセンター）15kg・600円）からの泥は、沈降速度が普通の土からの泥より速く好適です。

代替として、粉末状苦土石灰（マグネシウム分の多い石灰肥料（百円ショップ）600g・100円）・ラインパウダー・小麦粉が利用できます。苦土石灰は沈降速度が速い利点があります。

・砂は、川砂か硅砂（ホームセンター）。
・礫は、粒の大きさが直径３～５mm程度の角のない小石（ホームセンター：500g・数百円）。これに直径５～８mmの角のない小石（百円ショップ）を混ぜるとより観察しやすくなります。

※実験後、回収し乾燥させ、保管します。

◆実験

２　メスシリンダーに水を半分程度入れ、といに水を混ぜた土砂（スプーン１～２杯程度）を載せて、ビーカーの水で流し込みます。

・水を流し込む時、といを垂直に立てるようにし、土砂がメスシリンダーからはみ出ないようにしましょう。水はメスシリンダーからあふれ出てもかまいません。
・濁っていても、泥が沈んでいく様子が見えるので、どのような層ができたか観察できます。

３　さらに、同じように土砂を流し入れます。この作業を数回行います。班のメンバーが交互に行うとよいでしょう。

・10分内にきれいな地層の重なりが観察できます。

メスシリンダー内の水に、泥・砂・礫を同時に流し込むと、礫の上に砂、砂の上に泥が重なっていきました。縞模様（＝地層）ができるのは、粒の大きな（重い）物が先に沈むからだとわかりました。

37 地層のでき方
（流れる水のはたらき）～斜め流入の場合～

時間
カラーサンドを用いると数分後にきれいな地層の重なりが観察できます

河口から沖合にかけてできる地層モデルが短時間でできます。
ポイントは土砂の工夫です。

ポイント

◉カラーサンドは、ケニス社のたい積実験用砂（３種各１kg計4800円：税別）と、サンシンズカラーサンド社の「微細粒・細粒・大粒：200g・200～300円程度」を使用。水の濁りの消え方がとても速く、きれいに層の重なり方が観察できます。

準備するもの

◎土砂（粒の大きさ・色の異なる３種のカラーサンドを、1: 1: 1程度の割合で混ぜ、水で練り合わせた物。実験後、回収・乾燥・保管できます）◎自作水槽（後述）◎受け皿◎とい（プラスチック板をV字に曲げた物等）◎ビーカー◎水

【実験】

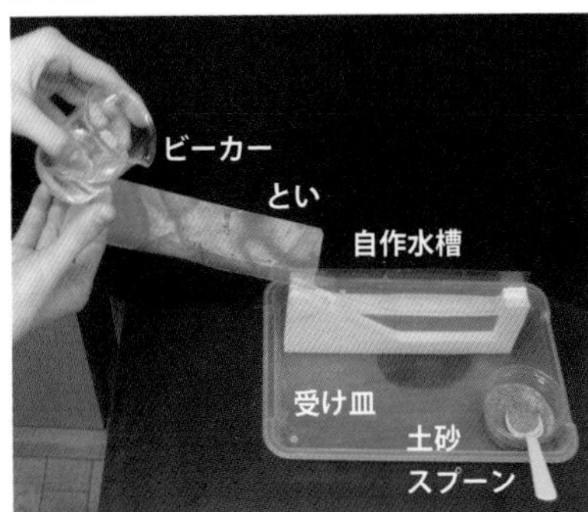

カラーサンドの例

◆授業展開

[1]　粒の大きさの異なる３種のカラーサンドを水で練り合わせた物を見せて問います。

「海に礫、砂、泥の混じった土砂が流れていったら、泥は沖と河口のどちらに多く堆積するでしょう」

　そうすれば、「前の実験で、泥が後から堆積するから、沖まで行くのではないか」という仮説を立てて取り組めます。

○予想例

- 混じったまま積もると思います。
- 粒の大きいものが近くに積もり、小さく軽いものが遠くへ流されると思います。

　この予想を確かめるための実

（参考）ラインパウダーと細かい硅砂の場合2分間隔で3回投入後です。白濁しています。

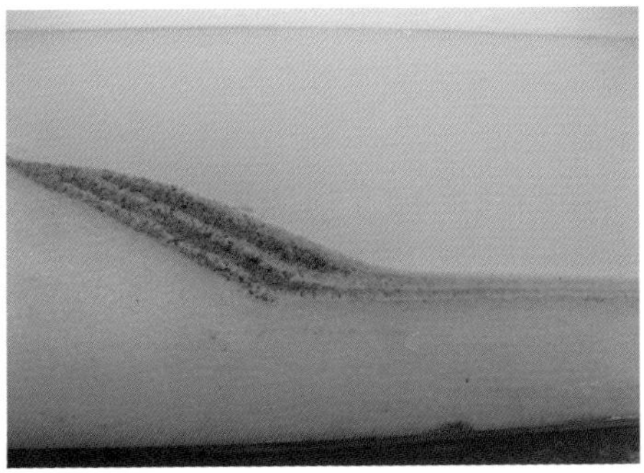

【自作水槽】

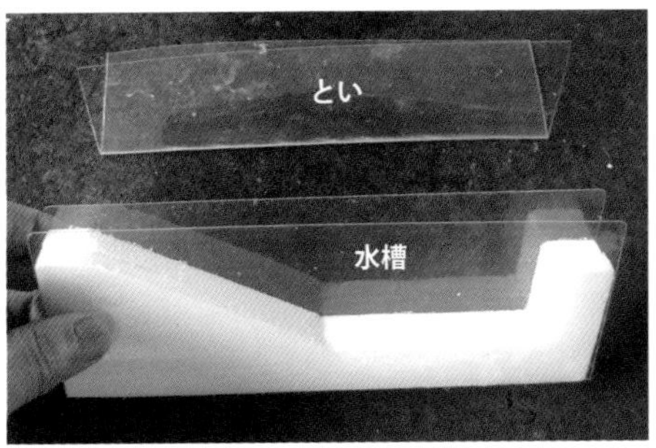

・作例は、厚さ２cm（１cm厚２枚を接着剤で貼り合わせた）スチレンボード（百円ショップ）を地面の形（作例下図）に切り取った物に、２枚の透明プラスチック板（百円ショップの硬質カードケースや下敷きが利用できます）をスチロール樹脂用接着剤で貼り合わせたものです。

験をします。

2　といにスプーン１杯程度の土砂を載せ、ビーカーの水でゆるい流れで水槽に流し込みます（流し込んだ水の一部は反対側からはあふれ出てもかまいません）。数回繰り返します。

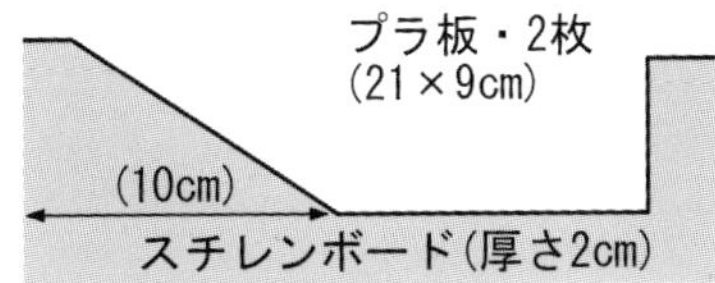

河口付近の堆積の様子

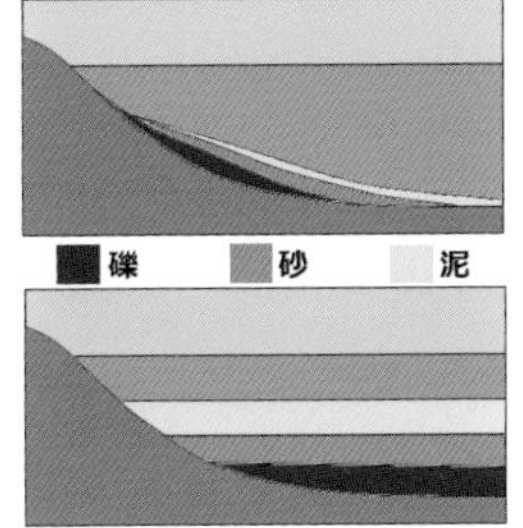

※この観察は、中学校との関連を考えると、とても大切です。垂直投入の実験だけでは、河口付近の堆積の様子を図（上）のようではなく、図（下）のように考える生徒も多いです。

粒の大きい物の上に粒の小さい物が重なっているので、粒の大きさ（重さ）の違いが地層の縞模様をつくっていることがわかりました。
粒の大きい礫は近くに堆積し、粒の小さい泥は、遠くまで押し流されていることがわかりました。

6 大地の変化

38 かんたんにできる火山灰の観察

時間 1単位時間

火山灰は、美しい複数の鉱物からできていることを観察させましょう。
この観察では火山灰を洗う時、「椀がけ」のようなこつや水道・流しは必要ありません。

ポイント

◉火山灰は、１つの層になっています。
◉火山灰層を実際に観察させることが理想ですが、できない時は写真で見せましょう。

準備するもの

◎火山灰（手に入らなければ、園芸用の鹿沼土や赤玉土で行います）◎お茶パック◎バット◎クッキングタオル（すべて百円ショップで購入）◎双眼実体顕微鏡（なければ、ルーペでもなんとか観察できます）

色の濃い部分が、火山灰の層です。

火山灰がどういう状態で土地をつくっているのか、児童がイメージできることが大切です。

園芸用の鹿沼土は、赤城火山の爆発によって降り積もった物であり、赤玉土は関東ローム層を利用してつくられています。

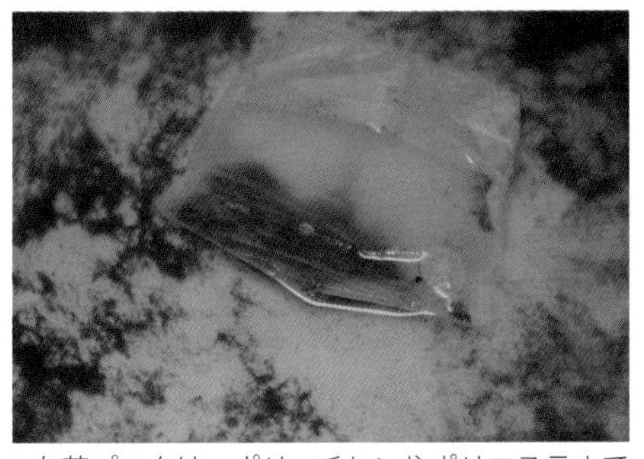

・お茶パックは、ポリエチレンやポリエステルでできているので丈夫です。強く粒同士をもみ洗いして、鉱物の表面の泥を落とすことが大切です。
・火山灰によって、５分～15分と洗う時間に差がでます。きれいな水に入れて、濁りが出なければ終了です。
・洗い流した泥は、火山灰に含まれる長石等が風化してできた粘土です。

お茶パックには、火山灰を小さじ1杯程度入れます。

机上に用意したバットにためた水の中で、もみ洗いします。鉱物の表面の泥が落ちたら、きれいな水でもみ洗いします。

お茶パックごと水を切り、ペーパータオルに包んで水を吸い取るとすぐ観察させることができます。

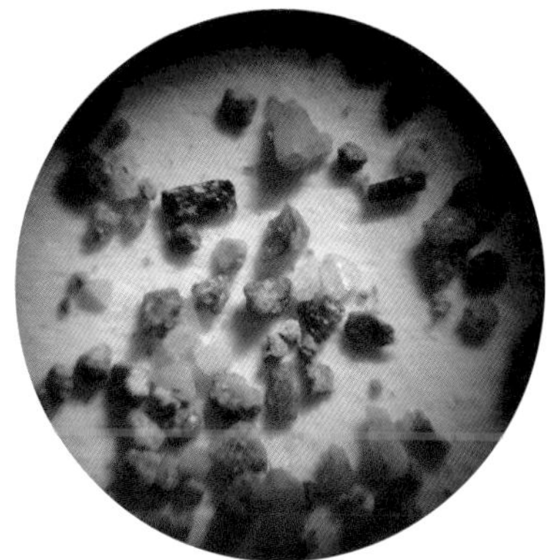

火山灰（赤玉土）に含まれる鉱物（磁鉄鉱は、磁石に引き寄せられます）。

【参考】
・火口から遠いほど火山灰の層はうすくなります。
・火山によって火山灰に含まれる鉱物の種類や割合が違います。

井上貫之「火山灰から鉱物を見つける」RikaTan2012冬号を参考にしました。

火山灰は火山の噴火で降り積もります。
火山灰は、風で遠くまで運ばれます。
降り積もったままの火山灰は、角ばっています。積もった後、水に流されて堆積した火山灰は丸みをおびています。

39 木の葉化石体験

時間
30分

市販されている木の葉化石の原石から、化石を取り出します。

ポイント

◉原石を手に取って観察し、火山灰が堆積してできた層が見られることや、火山灰特有の細かい粒に気付かせます。

準備するもの

◎木の葉化石◎マイナスドライバー◎金づち◎新聞紙◎雑巾◎安全眼鏡◎トレイ◎鉄くぎ等

１袋分の木の葉化石（原石）

1. 取り出しに使う道具

金づち、マイナスドライバー以外に、鉄くぎがあると、かぶさった石を剥がすのに便利です。

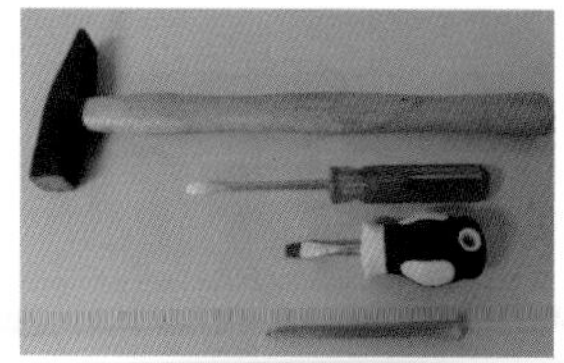

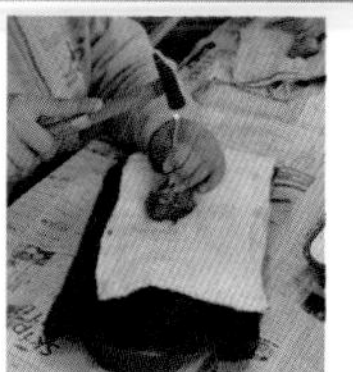

◆利用する木の葉化石の原石

栃木県那須塩原市にある「木の葉化石園」敷地内にある露頭の石が、袋詰めになって販売されています。

１袋に握り拳くらいの原石が４、５個入っています。塩原火山の火山灰からできた凝灰岩なので、細かい粒の石です。

※問い合わせは栃木県那須塩原市の「木の葉化石園」ホームページ参照。

◆安全のために

- 金づちの柄がしっかり固定されているか確かめます。
- 細かい破片が飛び散るので、安全眼鏡を着用します。新聞紙を敷いておくと、破片の片づけが楽になります。

2.　原石の割り方
雑巾やタオルの上に置くと、安定します。

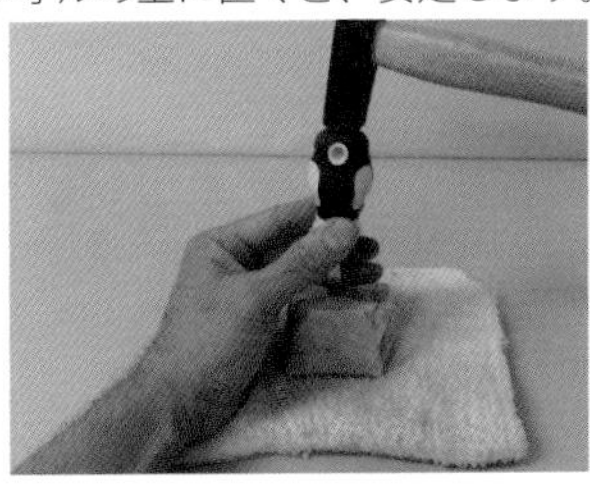

3.　化石をクリーニングする
標本をよりきれいにする操作をクリーニングといいます。鉄くぎを利用して、かぶさっている火山灰を少しずつ剥がしていきます。

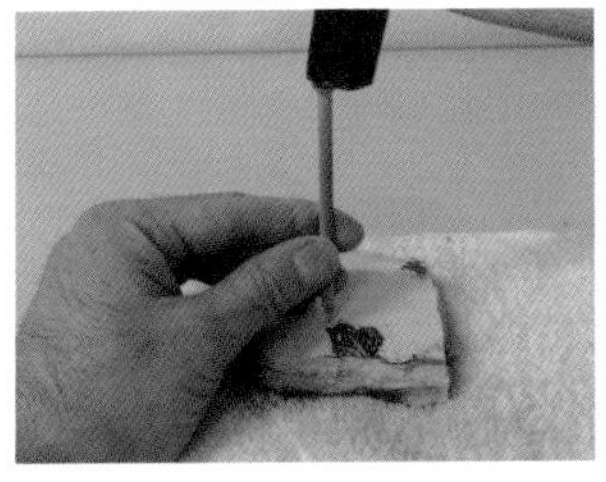

4.　取り出した木の葉化石
ミズナラ・イタヤカエデ等の広葉樹の植物化石が多く出ますが、昆虫や魚の化石に巡り合うこともあります。作業中に石が割れてしまったら、乾くと透明になるボンドで接着します。

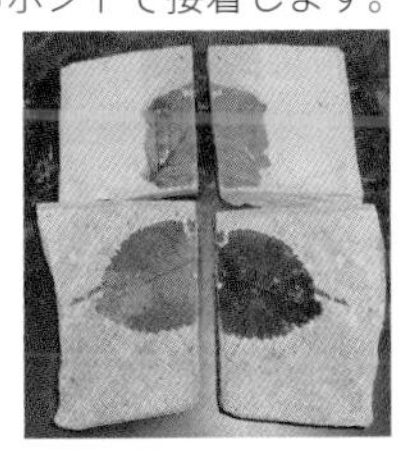

◆原石を支える

原石の下にゴム板やベニヤ板を敷きます。割って石が薄くなってきたら、雑巾で友だちに支えてもらいます。

◆木の葉化石を割る

マイナスドライバーの刃先を原石の層に当て、ドライバーの柄を金づちでたたいて割ります。

◆豆知識

原石をつくる火山灰には、珪藻が含まれています。化石園から原石を購入すると、珪藻の観察方法を紹介した資料が添付されています。

※化石は大切な資源です。購入は最低限の量にしましょう。

水中で堆積してできた石は、化石を含むことがあり、層が見えることもあります。

日本は火山国

❶火山噴出物の分類

水の流れの作用によってできた堆積岩は、粒の大きさで、礫岩、砂岩、泥岩に分類できました。火山が爆発して降り積もった物を火山噴出物(かざんふんしゃぶつ)といい、火山岩塊、火山礫、火山灰のように大きさで分類する他、成因や成分により軽石やスコリア、火山弾等に分類されます。

❷日本は火山国

世界には約1000もの火山があるとされていますが、日本には何とそのうちの100を越える火山があります。現在も活発な火山が多数あり、毎年のようにどこかの火山が噴火しています。火山を見学すると、赤茶けた溶岩やざらざらしたスコリアなどの火山噴出物等が観察でき、さらに硫黄のにおい（正式には硫化水素のにおい）がするガスが噴出していたり、近場に温泉が湧いていたりします。

❸溶岩の種類と火山の形

溶岩は、地下にあったマグマが地表に上がって流れ出し、冷え固まったものです。一口に溶岩といっても、さまざまな違いがあります。同じ火山でも、噴火によって溶岩の性質が変わることもあり、これが火山の形に影響を与えることもあります。わかりやすい例として、粘り気の違いによる火山の形の違いが挙げられます。北海道の昭和新山や長崎県の雲仙普賢岳の溶岩は、とても粘っこいため、釣り鐘状に盛り上がった火山をつくります。一方で、浅間山や富士山に見られるさらさらした溶岩は遠くまで流れ、きれいに裾野の広がった火山をつくります。

❹めずらしい溶岩

東京都伊豆七島の新島では、世界でもめずらしい白い溶岩があります。この溶岩はイタリアのシシリー島、新島等で産出します。抗火石とも呼ばれ、家屋の建材や溶鉱炉の石材としても利用されています。中に空気をたくさん含むため軽く、水に入れると浮くほどです。抗火石は盆栽に使う石材として、購入することができます。

左：伊豆三原山の黒い溶岩
右：伊豆新島の白い溶岩

7章 水溶液

◉これだけは押さえたい

- 食塩水や石灰水、炭酸水等は、水に固体や気体が溶けていること。
- 溶けている物は、においや水溶液の様子等から判断できること。
- 水溶液はリトマス紙を利用して、仲間分けできること。
- 塩酸に金属を溶かすと、金属ではない別の物に変化すること。

◉指導のポイント

- 石灰水や炭酸水、アンモニア水、塩酸には何が溶けているか、初めに水溶液を観察したり、においをかいだりして調べます。
- 食塩水の蒸発を想起し、固体が溶けていれば、蒸発させると溶けている物が出てくると予想して実験します。
- 水溶液の仲間分けの方法の１つとして、リトマス紙を利用して、酸性、中性、アルカリ性を調べます。
- アルミニウム等の金属を塩酸にとかした時、とかした液を蒸発させたら、元の金属が取り出せるかを調べます。この時、金属の性質を学習しておくと、効果的です（⓭⓮参照）。
- 実験の目的にあった濃さの水溶液を利用します。

40 リトマス紙の使い方

時間
30分

水溶液の酸性、中性、アルカリ性を、リトマス紙を利用して調べます。

ポイント

◉リトマス紙を利用して、水溶液の性質を見分けることができるようにします。

準備するもの

◎炭酸水（飲料用）◎うすめた塩酸◎石灰水◎うすめたアンモニア水◎リトマス紙◎ガラス棒◎ビーカー（300mL）◎ピンセット◎雑巾

・アンモニア水はアンモニア水原液（1）に対して水（14）で希釈

・塩酸は塩酸原液（1）に対して水（11）で希釈。

リトマス紙の扱い方

①リトマス紙は、紙の箱やプラケースに入っています。赤リトマス紙と青リトマス紙を、各10枚程度に小分けしておきます。

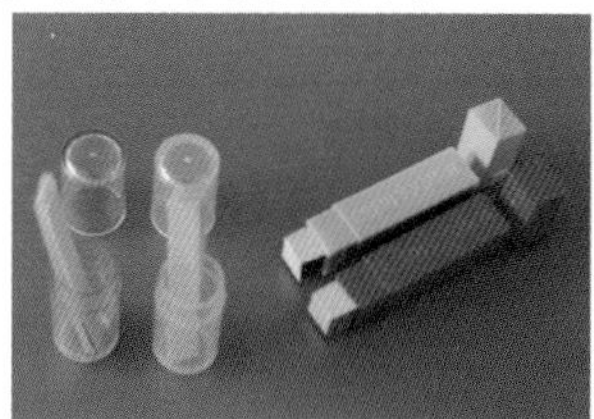

②リトマス紙は、指で持つと汗等で変色することがあるので、ピンセットで取り扱います。

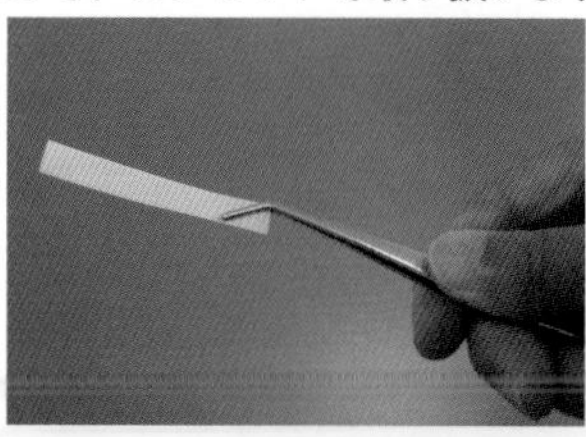

③ワークシートに、赤青のリトマス紙をおきます。

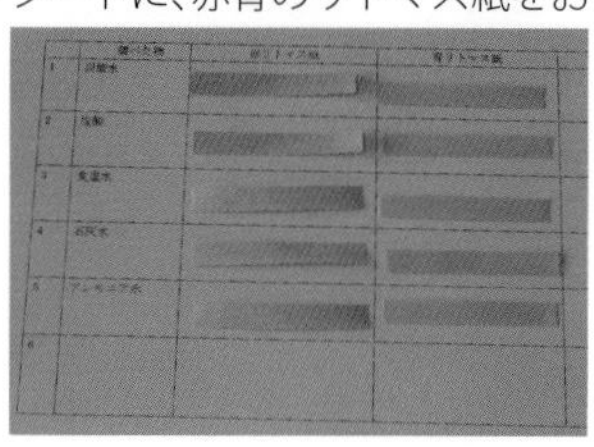

◆リトマス紙とは

昔はリトマス苔という植物の色素を、ろ紙に染み込ませてつくりました。現在は化学合成した色素を利用しています。

◆リトマス紙の保管

空気に触れないように、密閉できる容器に保管します。青いリトマス紙は、空気中の二酸化炭素と反応して、色が淡くなります。変色していたら、密閉できる容器に青リトマス紙を入れ、アンモニア水を数滴たらしておきます。

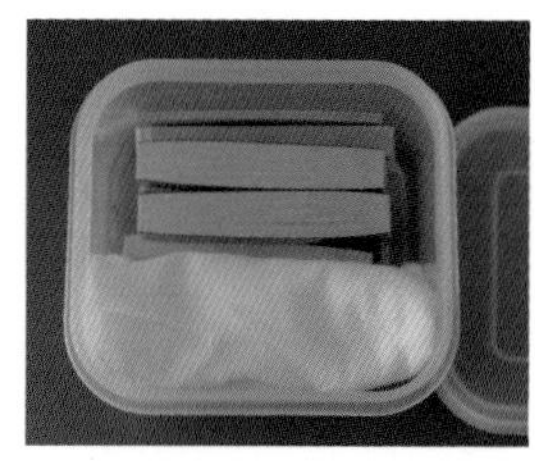

水溶液の性質を調べる

①ガラス棒を利用して、少量の水溶液をリトマス紙につけます。

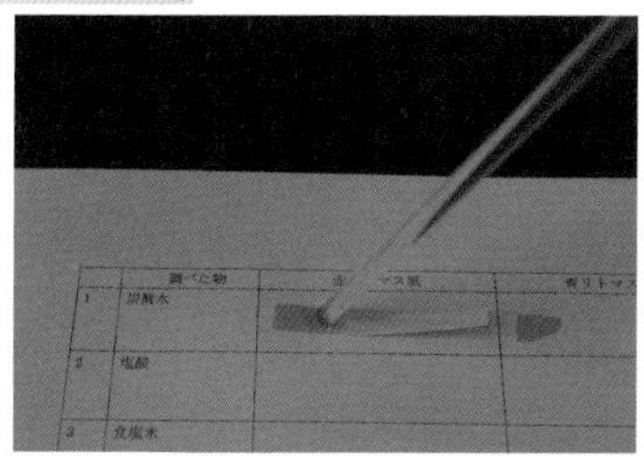

②ガラス棒は、１回ごとに新しい水で洗い、乾いた布（雑巾）で拭き取ってから使います。何回かガラス棒を洗ったら、水を交換します。

③使い終えたリトマス紙は、薬品が付着しています。じかに触れないように捨てさせます。

◆実験のこつ

・調べる水溶液は、ビーカーや試験管に入れて用意します。

・アンモニア水はアンモニアが蒸発しやすく強いアルカリ性です。他のリトマス紙を変色させるので、アンモニア水は最後に調べます。

◆炭酸水の注意事項

市販の糖分を含まない炭酸水には、味覚調整のために添加物（クエン酸等）が入っていることがあり、蒸発乾固させると黒く焦げます。炭酸水は、予備実験をして確認します（43参照）。

◆炭酸水は中性なの？

炭酸水を調べると、中性になることがあります。炭酸水に含まれる二酸化炭素が空気中に出ていくので、酸性が弱くなるからです。炭酸水を青いリトマス紙につけた直後の様子を観察させるようにします。

水溶液はリトマス紙を利用すると、酸性、中性、アルカリ性に区別できます。

41 薬品の調製の仕方

水溶液の実験で利用する薬品を調製します。

ポイント

◉塩酸、アンモニア水の各原液は、濃度が高く開栓すると気体が噴出してくることがあります。換気扇を回したり、窓を全開にしたりして空気の入れ替えに注意します。

準備するもの

◎塩酸◎アンモニア水◎メスシリンダー◎ガラス棒◎試薬びん（500mL）◎ビーカー（500mL、100mL）◎雑巾◎安全眼鏡

【開栓の仕方】

開栓する時は安全眼鏡を着用し、手元を身体から離してゆっくりとふたをあけます。溶けていた気体を吸い込まないようにしましょう。

○アンモニア水をうすめる

アンモニア水原液１に水14の割合で希釈液をつくります。この液は、においやリトマス紙で水溶液の性質を調べる時に使います。

①メスシリンダーを利用して水280mLを、500mLビーカーに量りとります。

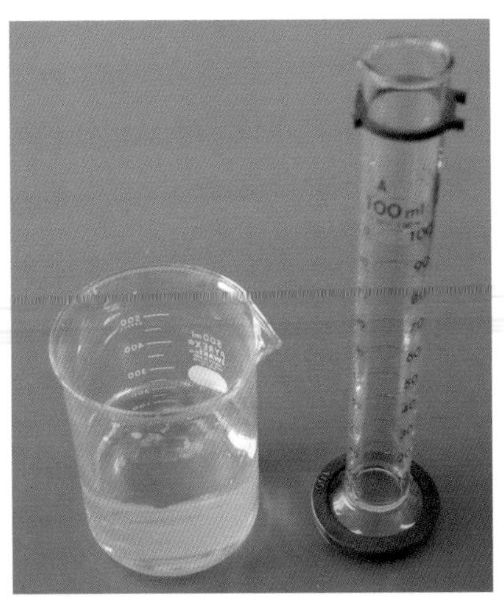

◆液体薬品の保管方法

・昔は地震で倒れたり、こぼれた薬品を吸い込ませたりする目的で、コンクリート製の薬品庫は、砂を敷きました。ステンレス製の薬品庫では、砂は敷きません。

・塩酸はふたをしても、わずかながら気体が漏れ出て、ステンレスがさびる原因となります。専用の保管ケースに入れて収納すると、薬品庫の劣化を防げます。

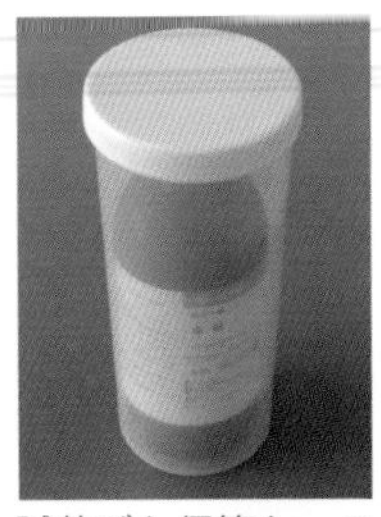

試薬びん保管ケース

②100mLビーカーに、ビーカーの目盛り線を利用してアンモニア水原液を20mL量りとります。

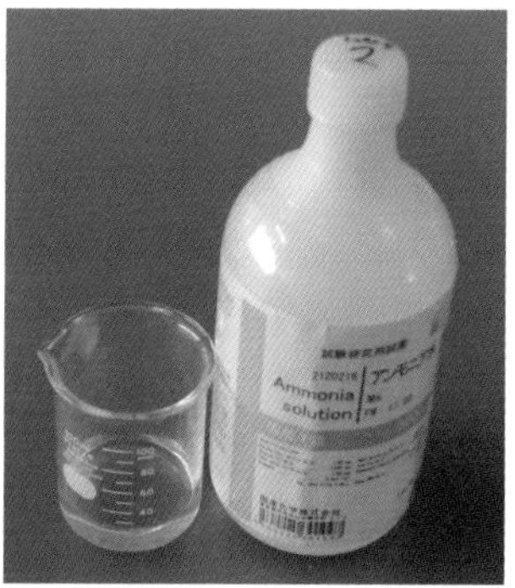

③メスシリンダーを利用してアンモニア水原液を20mL量りとります。この液を①の水に入れてかくはんします。調整した液は、試薬びんに入れて保管します。余った原液はびんに戻せないので、必要な濃度に希釈して利用します。

・原液が入っている試薬びんからビーカーに20mL量りとるのは、メスシリンダーに注ぎやすくするためです。スポイトを直に入れると、スポイトの汚れで原液を汚すことがあります。

・試薬びんには、薬品名、濃さ、調製した日付けを明示します。

◆樹脂の薬品びん

アンモニア水、水酸化ナトリウムは樹脂の容器に入っています。アルカリはガラス容器を溶かす性質があり開栓できなくなるので、樹脂の容器を利用しています。中栓がとれない時は、ラジオペンチを使って取ります。

○塩酸をうすめる

実験の目的に応じて、次のようにします。

・リトマス紙で調べるために
塩酸原液（1）：水（11）

・アルミニウム箔をとかすために
塩酸原液（1）：水（3）

やってはいけない

試薬をうすめる時は発熱することがあります。水に希釈する原液を入れるようにします。逆にすると沸騰して水溶液が飛び跳ねることもあります。

42 簡単な指示薬のつくり方（食用色素を使う場合）

時間
1単位時間
（指示薬づくりに3分）

身近にある物を使って、水溶液の性質を調べることができる指示薬をつくります。

ポイント

◉**食用色素（紫）の粉末タイプを使うと、ムラサキキャベツと同じように、色の反応を示す指示薬として利用できます。**

準備するもの

◎食用色素（紫）◎希塩酸◎炭酸水◎水酸化ナトリウム水溶液◎石灰水◎アンモニア水◎ビーカー◎スポイト◎試験管（色分けした物）◎卵パック◎製氷皿◎試験管立て等

【授業展開】

1. ビーカーに食用色素を付属のスプーンで山盛り１杯0.1gを50mLの水に入れた物を児童に配ります。
2. ガラス棒でかき混ぜさせます。しばらくすると、紫色の液体ができあがります。
3. 調べる水溶液は、教師用実験机で、色分けした試験管（縁に色のビニールテープを貼ったもの）にとらせます。
   （例）赤　塩酸、黄　炭酸水、青　石灰水
   のように板書しておきます。
4. 各試験管に、スポイトで食用色素を溶かした指示薬を入れさせます。

【試験管に色分けしたテープを貼って】

◆食用色素

ムラサキイモから取り出した『紫』の色素を利用します。ムラサキイモは食用として、売られていますが、アントシアンという酸性・アルカリ性に反応する物質が含まれています。

成分は同じですが、ムラサキキャベツと違い、煮出す必要がなく、保存が利きます。

【結果】
・酸性が赤・・・・・希塩酸
・弱酸性がピンク・・炭酸水
・弱アルカリ性が緑・石灰水
・アルカリ性が黄色・水酸化ナトリウム水溶液
　　　　　　　　　　アンモニア水

【結果の写真】

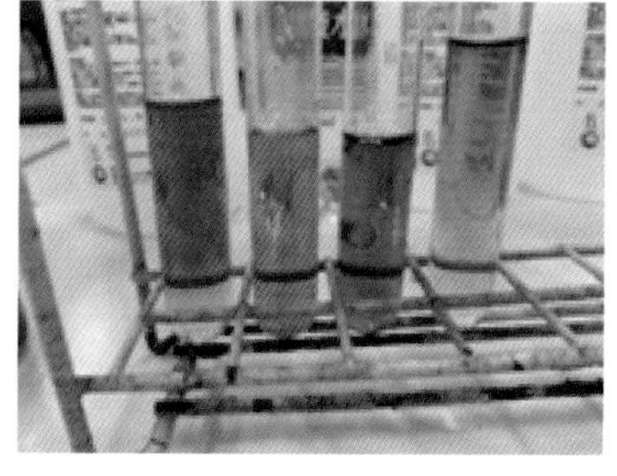

○別法「卵パックを利用する」
卵パックのくぼみに、調べたい水溶液を深さ半分程度入れたら、指示薬をスポイトで滴下していきます。卵パックの下に、白い紙を置くと、色の変化がはっきりとわかります。同じように百円ショップで売られている製氷皿を利用することもできます。

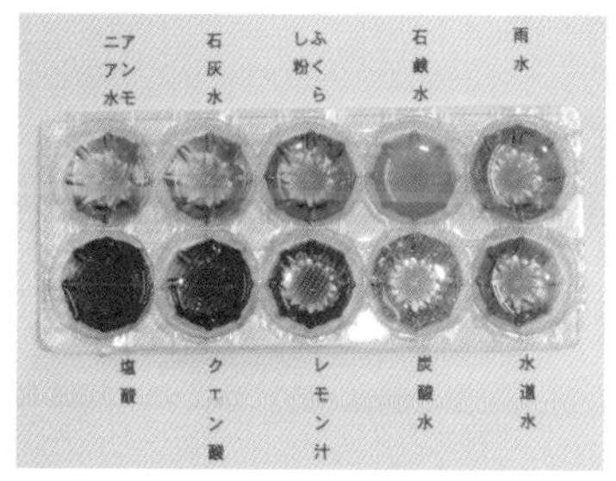

◆水溶液の濃さ

指示薬は、水溶液がうすくても結果がでます。塩酸、水酸化ナトリウム、アンモニア水は1％程度にうすめて利用します。炭酸水、石灰水は、原液を利用します。

◆身近な物を調べる

レモン汁の果汁、ポカリスエットのような飲物、ふくらし粉、クエン酸（百円ショップで洗剤として売られている）も、実験材料として利用できます。

◆指示薬として使える物

紫キャベツを千切りにして、冷凍します。利用する前に解凍し、お湯に入れると紫色の汁が取り出せます。

やってはいけない

食酢やレモン汁等、身近にある食品を調べせる時は、事前に予備実験をして、はっきり色が出るような物を選びましょう。

43

二酸化炭素を水に溶かす

時間
1単位時間

二酸化炭素の性質を利用して炭酸水をつくり、炭酸水の性質を調べます。

ポイント

◉炭酸水は二酸化炭素が溶けた水溶液であることを、実際につくったり、石灰水を使ったりして調べます。

準備するもの

◎二酸化炭素のボンベ◎炭酸水◎やわらかいペットボトル◎石灰水◎丸水槽◎曲がるストロー◎雑巾

【二酸化炭素のボンベを利用する】

①水上置換法をするため、水槽に水を半分くらい入れます。ペットボトルに水を満たし、手の平でふたをして、水槽に逆さに立てます。

②ボンベに曲がるストローを取りつけ、ストローの先を、ペットボトルに入れます。押し口をゆっくりと押して、二酸化炭素をペットボトルの3分の2程度入れます。入れ終わったら、ふたをして取り出します。

◆二酸化炭素の性質

二酸化炭素は、水の体積の数倍以上も溶けます。ただし、気体が水に溶ける量は、水温によって大きく変化し、冷たいとたくさん溶けます。

◆実験のこつ

ボンベに付属しているチューブは細くて、気体をペットボトルに入れるには適しません。チューブの先にテープを巻き、ストローをかぶせます。細いゴム管で代用する方法もあります。

◆空気と比べる

ペットボトルに3分の1だけ水を入れて用意します。ふたをして振っても、容器はへこみません。空気の成分である窒素や

③ペットボトルを振ると、容器がへこみます。二酸化炭素が水に溶けて、気体の体積が少なくなったからです。ペットボトルの水溶液をよく見ると、小さな泡が出ています。

④ペットボトルの水に石灰水を入れても、初めは二酸化炭素が多いので、振っても透明になります。入れるにしたがって白濁しますが、たくさん入れると透明になるので、入れ過ぎに注意します。

【炭酸水を利用する】

市販の炭酸水を利用すると、安価に実験できます。ペットボトルの注ぎ口に合う気体の採取器具を用意します。完成品もありますが、自作する場合は、ゴム栓に穴をあけ、ガラス管とゴム管をつなぎます。1本のペットボトルに入った炭酸水で、2、3回程度、二酸化炭素を採取できます。

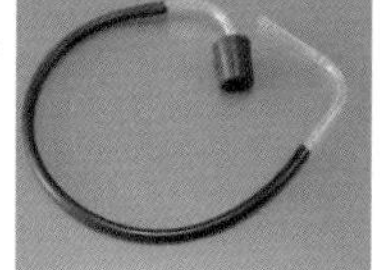

酸素は、二酸化炭素のようにたくさん水に溶けないからです。

◆炭酸水を蒸発乾固させる工夫

炭酸水を蒸発させると、何も残らないはずですが、実際に調べるとうすく白いものが残ります。これは水道水で実験すると、他の物が溶けているからです。

そこで、水道水も蒸発乾固させて、ほぼ変わらないことを示しましょう。

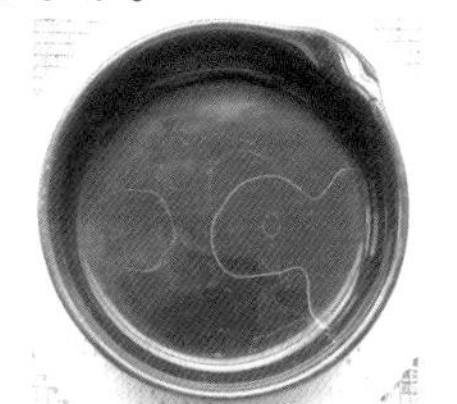

左：水道水　右：炭酸水

やってはいけない

ペットボトルは厚みのあるボトルを使うと、へこまないことがあります。必ず予備実験をして確かめます。

二酸化炭素は、水に溶けてペットボトルがへこみました。その水溶液を調べると、炭酸水でした。

44 金属をとかす水溶液（1）

時間 1単位時間

酸性の水溶液の中には、金属をとかす物があることを調べます。

ポイント

◉何を調べるかを意識づけます。金属としては鉄とアルミニウムを利用して変化を調べます。

準備するもの

◎塩酸◎鉄（スチールウールを米粒大に）◎アルミニウム箔（2cm×2cm）◎試験管◎試験管立て◎ビーカー（100mL）◎駒込ピペット◎ガラス棒◎ろうと台◎ろうと◎ろ紙◎安全眼鏡

○うすめた塩酸で、金属をとかします

①アルミニウム箔はたたんで、試験管に入る大きさに、スチールウールは指で丸めて、米粒程度の大きさにしてから試験管に入れます。

②うすめた塩酸は、ビーカーに入れて配ります。駒込ピペットを利用して、2本の試験管に5mLずつうすめた塩酸を入れます。使い終えたピペットは試験管に立てておきます。

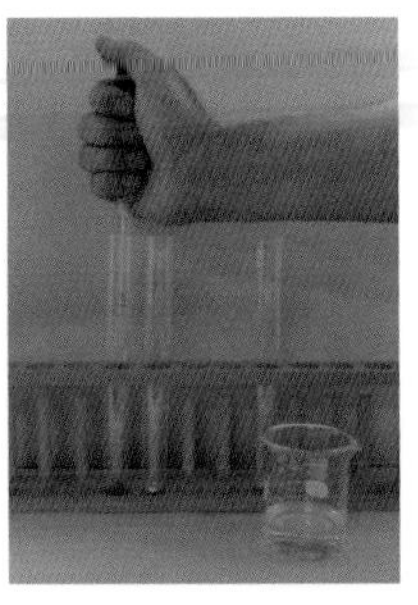

◆利用する塩酸の濃さ

塩酸の濃さは、塩酸1に対して水3の比率でうすめます（41参照）。

◆安全への配慮

・安全眼鏡を着用します。

・指についたら、あわてず流水で洗い流します。

◆ピペットを試験管に立てる

ピペットが転がるのを防ぎ、机を塩酸で汚さないようにするためです。

◆入れる塩酸の量

入れる塩酸の量は守らせます。多いと吹きこぼれて危険です。

③とける様子を観察します。

鉄は全部溶け切るのに時間がかかるので、時間を区切って次の操作（ろ過）にうつります。

④「とけたアルミニウム箔（鉄）は、金属のままでしょうか、別の物になってしまったのでしょうか」と問いかけ、それぞれの液をろ過して、とけ切れなかった金属を取り出し、次の実験の準備をします。実施日が翌日以降になる場合は、ろ液の容器にラップをして保管します。

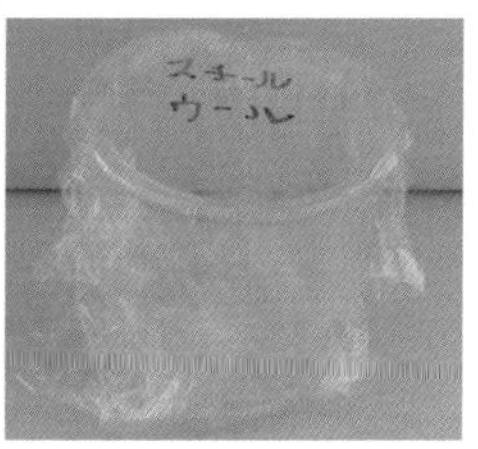

※ろ液が金属製のろうと台に垂れると、金属がさびます。水洗いしてから乾燥させます。

◆寒い時期に実施する時は

アルミニウム箔は表面に酸化膜があるため、とけるのに時間がかかります。寒い時期は塩酸を、40度くらいの温度に温めておくと、数分でとけ始めます。

◆とけ方が激しい時は

試験管を流水で冷やします。

◆換気に注意

スチールウールがとけると、特有のにおいが発生するので、換気に気をつけて行います。

◆ろ過するのは

アルミニウム箔やスチールウールのとけ残りを取り除くために、ろ過をします。ろ紙には濃い塩酸が染みています。回収し水でうすめて破棄します。

塩酸に金属を入れると、泡を出してとけます。

45 金属をとかす水溶液（２）

時間 1単位時間

塩酸にとけた金属が、金属のままか金属ではなくなったのかを調べます。元の金属とは性質が違っていることを実験で確かめます。

ポイント

◉５年生で学んだ「食塩水の水を蒸発させると、食塩が取り出せたこと」を想起させます。
◉金属とは何か、意識させて調べます。

準備するもの

◎塩酸◎鉄とアルミニウム箔をとかした塩酸◎試験管（４本）◎試験管立て◎ビーカー（100mL）◎駒込ピペット◎蒸発皿◎ガスコンロ◎アルコールランプ◎るつぼばさみ◎安全眼鏡◎BTB溶液（指示薬）◎雑巾等

○蒸発させてとけていたものを取り出す

①金属がとけた水溶液を駒込ピペットで取り出し、５、６滴を蒸発皿にたらします。

②金網を敷いたガスコンロ（アルコールランプ）を利用して、弱火で加熱蒸発します。塩化水素の気体が蒸発するので、吸い込まないように注意します。窓を開け、換気をします。

③蒸発が終わり冷めたら、残った粉を半分くらいずつに分けて、試験管に入れます。

◆蒸発の注意

金網を敷いた実験用ガスコンロの弱火かアルコールランプで加熱します。たくさん蒸発させると、においが強くなったり、粉が飛び散ったりするので、蒸発させる量を守らせます。８割程度蒸発したら火を消し、余熱で蒸発します。冷えた後、るつぼばさみでコンロからおろします。

加熱中は、蒸発皿に顔を近づけてはいけません。安全眼鏡を着用し、気体を吸い込まないように注意します。

○取り出した粉が、元の金属と同じ性質を示すか調べる

(1)調べ方

①取り出した粉の色を調べます。

②取り出した粉は磁石に引きつけられるか、磁石を利用して調べます（鉄の場合だけ）。

③取り出した粉を試験管に入れたら、駒込ピペットで塩酸を5mL入れて振り、泡を出してとけるかどうか調べます。

(2)アルミニウム箔がとけた液から取り出した粉は、水に溶けるか（発展）

この粉は水に溶ける量がわずかで、溶けたか溶けないかの判断が難しいです。溶かした水溶液にBTB溶液を入れると、粉を入れた水溶液は酸性を示し、溶けていることがわかります。

左　BTB溶液を入れる前
中　BTB溶液を入れた後
右　真水にBTB

◆アルミニウムがとけた液から取り出した粉

アルミニウムに含まれる不純物で黄色くなることがあります。時間がたつと湿気を吸い、べたつきます。

◆アルミニウム箔の結果

	アルミニウム箔	取り出した粉
(色)	銀色	白っぽい
(塩酸)	泡を出してとける	変化なし

◆スチールウールの結果

	スチール	取り出した粉
(色)	銀色	赤茶色
(磁石)	つく	つかない
(塩酸)	泡を出してとける	変化なし

◆にがりは水に溶ける

マグネシウムを塩酸にとかすと、豆腐作りに使うにがりができます。にがりは水に溶けます。

アルミニウム（鉄）は塩酸にとけて別の物に変わります。

水溶液（塩酸）は、金属を別の物に変える性質があります。

46 実験用ガスコンロの使い方

時間 5分

ガスコンロの使い方は、教科書を読むだけでは伝わらないので、ポイントを実演して見せます。

ポイント

◉ガスボンベをセットした音を聞かせます。
◉片づけは、教師の合図を待つことを指導します。

準備するもの

◎実験用ガスコンロ◎ガスボンベ◎金網◎濡れ雑巾

【教師が実演する】

1. ボンベを取りつける音を聞かせます

ボンベの切れ込みを合わせます。

取りつけた時の音を、確実に聞かせます（必要に応じて、2、3回）。

これができていないと、つまみを回しても点火しません。点火しない原因の半分は、取りつけがうまくいっていない場合です。

◆準備する物

実験用コンロは、落下等の事故を防ぐために、机の真ん中に置くことを説明します。ノート等を下に置くことなく、水平なところに置きます。もちろん、燃えやすい物は、片づけます。

濡れ雑巾を用意します。これは、火の近くに置くといざという時に使えないこともあるので、机の端の方に置くとよいでしょう。

一番多いトラブルが、ボンベを正しく取りつけられないものです。切り込みを合わせて、「カタン」もしくは「カチン」という音（機種によって異なります）がすることを子どもたちに確かめさせます。

2. 点火して見せます

カチンと音がするまで、つまみを回します。１度で点火しない場合には、いったん戻してもう１度回します。

3. 金網をのせて１分少々待ちます

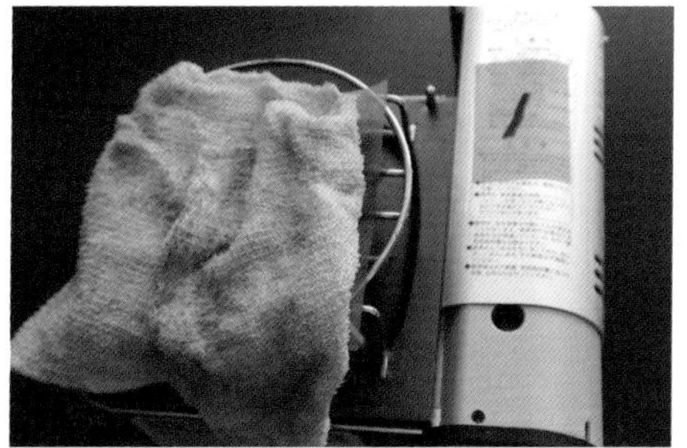

火を消して濡れ雑巾を載せると、ジュッと音がします。温度が高い時も、見ただけではわからないことを示します。

○火がつかない時
火花が飛ばなければ、火花が出るノズルを紙やすりで磨きます。それでも飛ばなかったら、マッチで点火します。

取りつけができていないと、つまみを回せないようになっています。それを無理に回すと、つまみが壊れます。つまみが回らない時には、取りつけ方が悪いのだと教えます。

点火したら、必ず立って顔を火から遠ざけるように指導します。

加熱後は熱くなっているので、教師の合図があってから片づけることを約束します。

◆トラブル対応（教師がします）

つまみが壊れたら、接着剤で補修します。

こぼしたら、水に溶ける物なら水洗いをします。よく乾かし、ガスの通り道が塞がれないようにします。

対応してもだめなら、安全のために廃棄します。

※コンロは劣化して危険になるので10年くらい利用したら、新しくします。

やってはいけない

消火直後は温度が上がっているので、指示がある前に片づけてはいけません。片づける際にも、濡れ雑巾を使って熱くないことを確かめます。

指示薬(BTB)を利用した色のタワー

❶指示薬とは

水溶液に含まれる物質の量や酸性、アルカリ性を判定する試薬を、指示薬といいます。リトマス紙は、リトマス苔の成分をろ紙に染みこませた製品です。プールの水質判定に利用するBTB。身近なものでは、紫キャベツの煮汁、紫イモの食用色素、紅茶も指示薬の仲間です。

❷指示薬（BTB溶液）を利用した色のタワー

酸にはアルカリをうち消すはたらきがあります。うすめたアンモニア水にBTB指示薬を入れてから塩酸を滴下していくと、水溶液の色が青から緑、黄色へと変わります。このような色の変化を試験管でゆっくり再現する、色のタワーをつくります。原理は試験管の底に粉末のアルカリ性薬品を入れてから指示薬を入れます。この水溶液に塩酸をたらすと、塩酸が拡散しながら広がり、上部が酸性、中間に中性、下部がアルカリ性になります。

（1）準備

紫キャベツの煮汁、BTB溶液、塩酸（塩酸１：水３の割合でうすめる）、炭酸水素ナトリウム（ふくらし粉）、炭酸ナトリウム。

※炭酸ナトリウムは、炭酸水素ナトリウムよりアルカリ性が強く、洗浄剤として百円ショップで購入できます。

（2）つくり方

①試験管の底に､炭酸水素ナトリウムを､小さじ１杯入れます。

②試験管に静かに紫キャベツの煮汁やBTB溶液をとかした水を注ぎます。

③スポイトで少しずつ塩酸を滴下します。急激に入れると、二酸化炭素が発生してあふれだします。

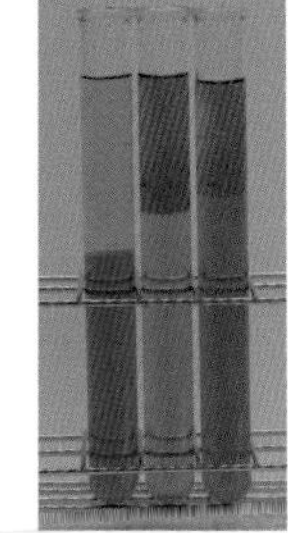

（3）色の変化

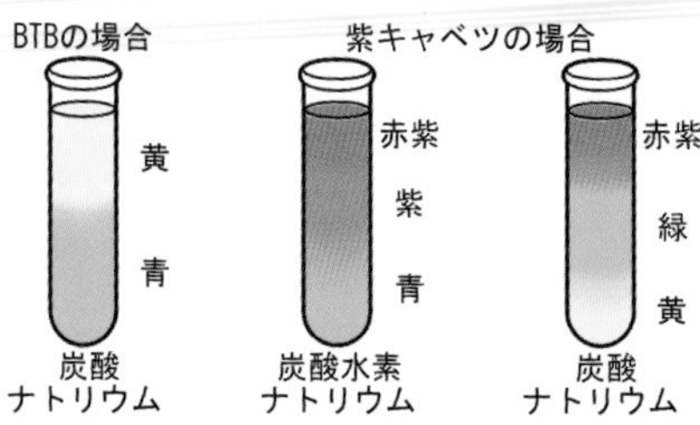

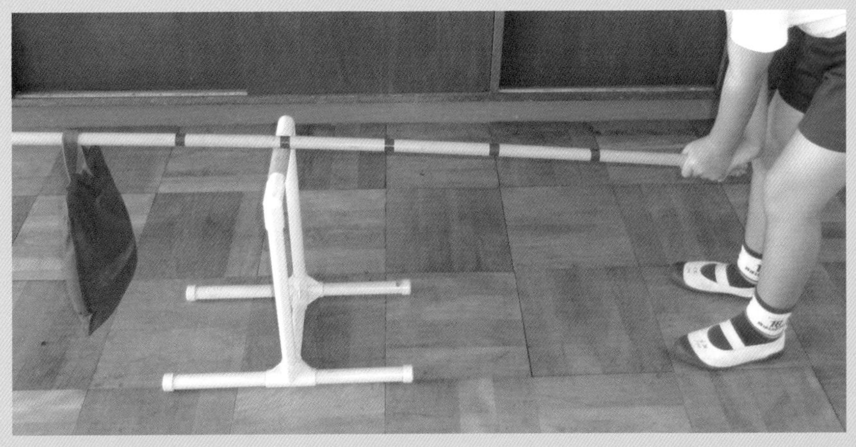

8章 てこのはたらき

◉これだけは押さえたい

- てこを用いて物を動かす時、てこに加える力の位置や力の大きさを変えると、物を動かすはたらきが変わること。
- てこ実験器を用い、てこが水平につり合う条件を見つけ出すこと。
- てこのはたらきの視点で、身の周りのさまざまな道具を観察すること。

◉指導のポイント

- 1本の棒を使って重い物を持ち上げる活動では、子どもたち全員に手応えを体感させましょう。重たい砂袋を棒にかける時、作用点側に手を添えて、棒が急に跳ね上がらないようにします。また、支点もしっかりとした物を利用します。
- 力の大きさは、おもりの数、おもりの重さ、ばねばかりの値で量れることにも触れましょう。
- てこ実験器の実験では、てこを傾けるはたらきの大きさが、(おもりの重さ)×(支点からの距離)で決まり、両側のてこを傾けるはたらきの大きさが等しい時に、水平に釣り合うことに気付かせます。
- てこのはたらきが利用されている道具を示し、支点、力点、作用点の位置に気付かせましょう。

47 てこの3点と手応え

手応えを確かめるには、てこの装置を３、４人に１組を用意します。

時間
1単位時間

ポイント

◉角材、椅子、油性ペンでてこができます。
◉１人１人に手応えを確かめさせます。

準備するもの

◎角材（2m×30mm×40mm）◎油性ペン◎ペットボトル（2L）◎スズランテープ◎ガムテープ◎定規◎厚紙（支点等の表示用）

【てことおもりのつくり方】
1.　角材に20cmごとに油性ペンで印をつけます。角材を並べて作業すると、効率がよくなります。

2.　おもりは、ペットボトルに水を入れ、スズランテープで口のところをよく縛ってつくります。てこの支点には、円柱形の形をした油性ペンをガムテープで貼りつけます。

◆準備

授業の日までに、てことおもりになる物をつくっておきます。

◆授業展開

子どもたちに、まず２kgのペットボトルを持たせます。その手応えを覚えておくよう伝えます。

1　支点から作用点までを３個分、支点から力点までを５個分の距離にして、おもりを持ち上げます。これを、１人１人に体験させます。

2「軽い」というつぶやきが出たら、力点、支点、作用点について説明します。

用語については教科書で確認させます。

<実験1>力点の位置を変えた時

力点のところを持って、上下に移動させ、手応えを比べます。

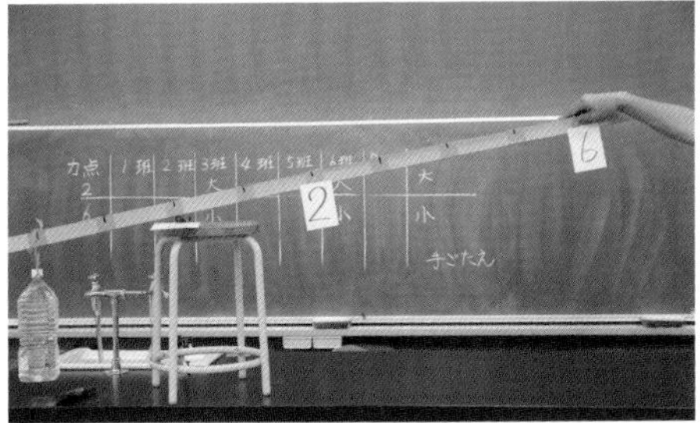

<実験2>作用点の位置を変えた時

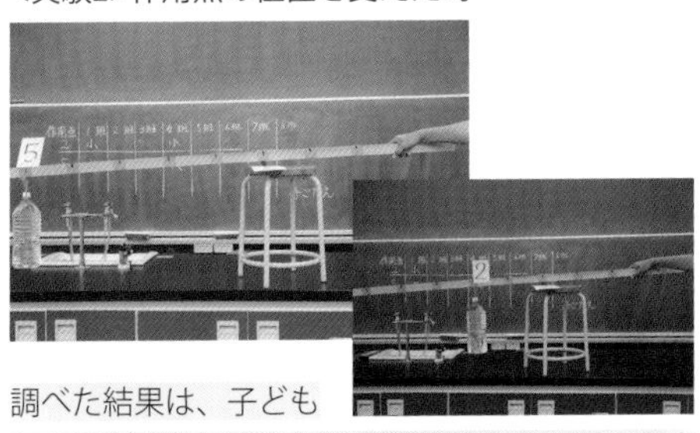

調べた結果は、子どもたちに板書させて他と比較ができるようにします(大小が黒板に書かれています)。

<実験3>一番手応えが小さい位置

写真のようにすると指１本でもできます。

3 「支点から作用点を２目盛りにした時、２と６のどちらの力点方が手応えが大きいですか」

結果は、「大きい、小さい、同じ」のどれかで書かせます。

4 棒が長いのでぶつからないようにすること、また、力を加えていた手をいきなり離すと棒が飛び跳ねることがあるので注意させます。

5 「支点と力点を３の距離にした時、５と２ではどちらの作用点の方が手応えが大きいですか」

6 どちらの実験も大きな手応えの違いがあるので、子どもたちは驚きます。学習のまとめは、力点、支点、作用点という言葉を使って書くように指示します。

学習のまとめ

てこを使うと、物を軽く持ち上げることができました。作用点と支点までを２とした時、力点までが２の時は手応えは大きいです。でも、６の時はとても小さかったです。

48 てこ実験機で調べる（1）

時間 1単位時間

てこ実験機で、なぜおもりを使うのかがわかるようにします。
おもりは力の代わりなのです。

ポイント

◉おもりは力の代わりです。
◉「○g分の力」とこの時間は言います。

準備するもの

◎てこ実験機◎おもり（写真は25gの物を使用）◎ばねばかり

ばねばかりを指で引くと、「○g」と表示されます。これは、指の重さではなく、指が加えている力の大きさです。ここでは、「○g分の力」と言うことにします。

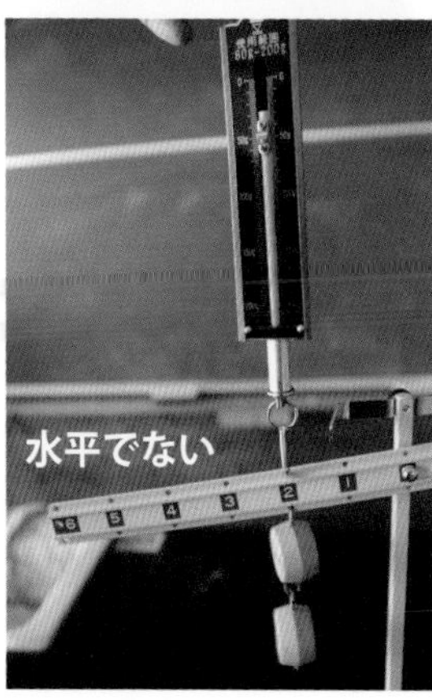

てこが水平になるように手で引き上げます。左の写真のように、斜めではいけません。

前項では、「重い、手応えが大きい」という言い方をしましたが、どのくらい重いか軽いかはっきりさせる方法を教えます。

◆授業展開

1「左の２のところに、50gのおもりを吊るすと、左に傾きます。左の２をどのくらいの力で持ち上げると、水平になるでしょう。25、50、100gのうちどれでしょう」

2　予想に挙手させたら、演示実験で確かめます。約50g分の力です。ばねばかりの目盛りを安定させて、止まったところで読むことを伝えます。

3「引く位置を変えて水平にします。大きな力が必要なのは、1の方ですか、４の方ですか」

これは、ノートに書かせて

から発表です。

前の実験で、支点から離れたところを力点にすると軽くなったことを根拠に意見を言う子がいるでしょう。「あっ、そうか」と繋がりがわかると楽しくなります。

4 目盛りが安定しなくて読みづらいのが、力の大きさを測る弱点です。そこで、手で加える力の代わりにおもりを使うのです。

5 左の１で100gとわかったら、右の１に100gのおもりを吊るしてみましょう。同様に、右の４に25gのおもりを吊るしてみましょう。水平に釣り合います。

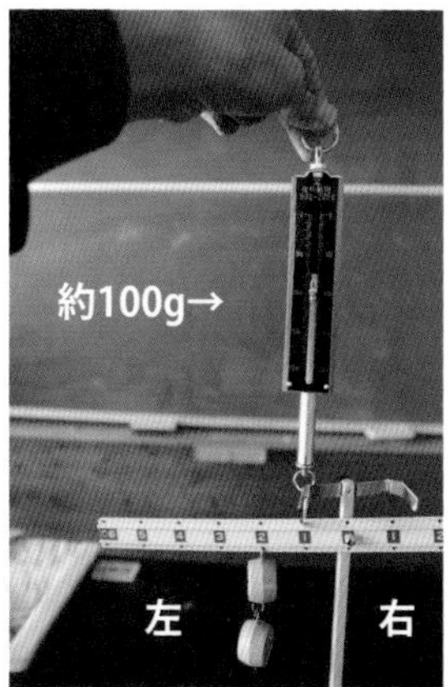

てこ実験機の腕が水平になっている時、「水平に釣り合っている」と言います。この時の目盛りを読み取ります。
50g分のおもりを使うと、誤差が目立たないようです。

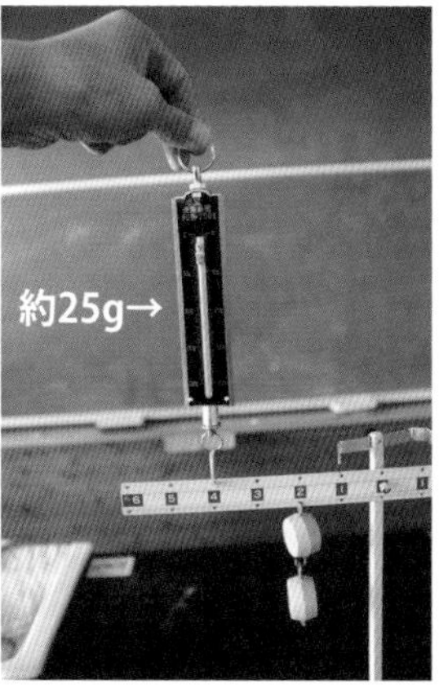

手とばねばかりの代わりにおもりを使えば、安定して測定できます。手が加える力を地球の重力で置き換えるのです。一瞬で結果が出るので、力を表すのにばねばかりでなくおもりを使う意味がはっきりします。

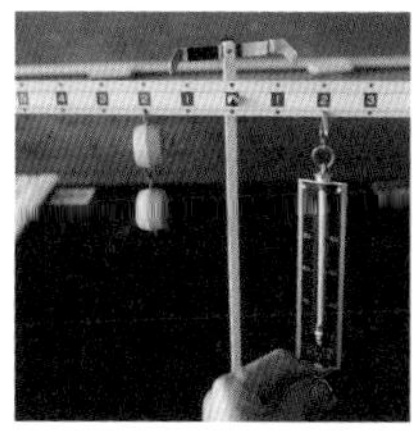

このやり方はNG。

やってはいけない

右下の写真のように、ばねばかりで、下から引っ張ってはいけません。正しく量れないからです。ばねばかりをおもりの反対の右側に持っていって使う時には、押し棒のあるばねばかりを使い、上から押します。

49 てこ実験機で調べる（2）

時間 1単位時間

おもりの重さ（力の大きさ）と支点からの距離をかけ算する規則性に気付かせます。

ポイント

◉自分たちで計算式に気付かせます。
◉気付いたら、友だちにヒントだけ伝えます。
◉計算式を使って発展問題を行います。

準備するもの

◎てこ実験機◎おもり（20gの物を推奨）

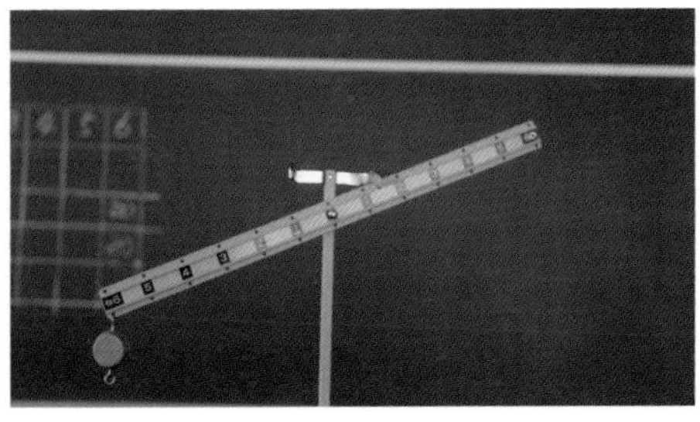

この状態から、水平に釣り合うようにします。おもりは、どこに何個吊るしてもよいです。

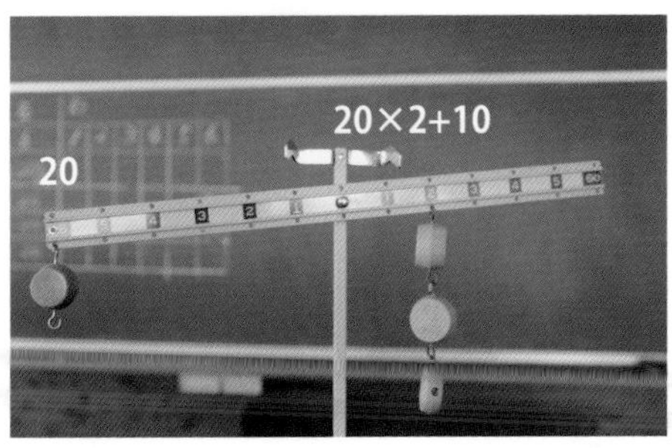

最初の関門は、6の位置以外で水平に釣り合うところを見つけることです。
見つけた班から、板書していきます。最初は他の班の数字を見ながら真似する子も多いですが、そのうち規則性に気付いていきます。

学校にどんなおもりがあるかによって、展開が異なります。25gのおもりしかない場合、おもりの重さではなく、おもりの個数を問題にして計算しやすくします。

◆授業展開

1 「左側の6のところに、20gのおもりを吊るします。右側の1カ所にもおもりを吊るして、水平に釣り合うようにしよう」

2 作業をする課題として、あえて予想等をノートに書かせずに作業させます。班ごとに確かめさせるのですが、この時、おもりを2つではなく10ぐらい持っていくように伝えます。

	左	右					
おもりの位置	6	1	2	3	4	5	6
重さ（1班）	20	120	60	40	30	×	20
重さ（2班）	20	120					

算数の得意な子は、支点からの距離と重さの積が一定（反比例）だと気付きます。そういう子たちに、まだわかっていない子たちに気付かせる役割を与えます。

「決まりに気付いた人がいるようです。その人は、まだの人にヒントをあげてください。もろに教えちゃダメですよ」

こうすることで、ヒントを考えることに時間を使わせます。絶妙なヒントが出たら、賞讃してみんなに紹介します。

・位置と重さを計算しよう。

・何算にしたらよいかな。

・比例してないよね。等

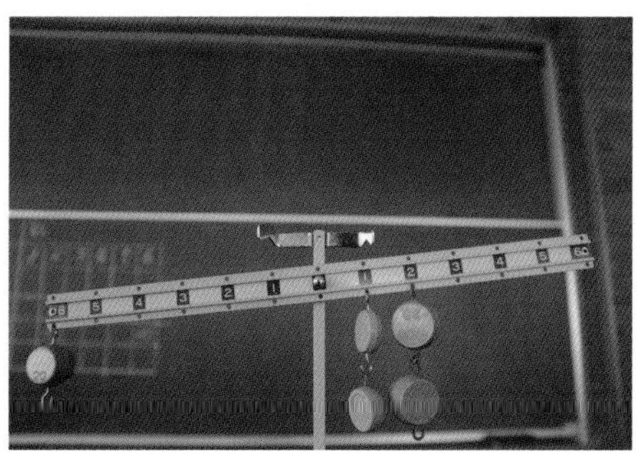

終わったら、２カ所におもりを吊るす方法を考えさせます。

すると、右側の６に20gという当たり前の組み合わせ以外にも見つける班が出てきます。

3 「すごいなあ。２通り見つけたんだね」と大げさに喜びます。それに刺激されるように、いろいろな組み合わせを探すことを促します。「うわあ、３通りだ！」と言うと、さらに進んで見つけようとします。

4 頃合いを見て、「たくさん答えがあるようだから、表にしてみよう」と枠を板書し、班ごとに結果を書かせていきます。

そのうちに、「５の位置だと×だけど、６に20g、１に120gなら水平に釣り合います」という発見があるかもしれません。

・左の6のところに20gを吊るした時、6×20=120になっています。左側も120にすれば、水平に釣り合います。120になるのは、4×30、3×40、2×60、1×120です。120gを吊るすには工夫が必要です。

・計算でピタリと予想ができることは、面白いと思いました。

意外に多い丸いてこ

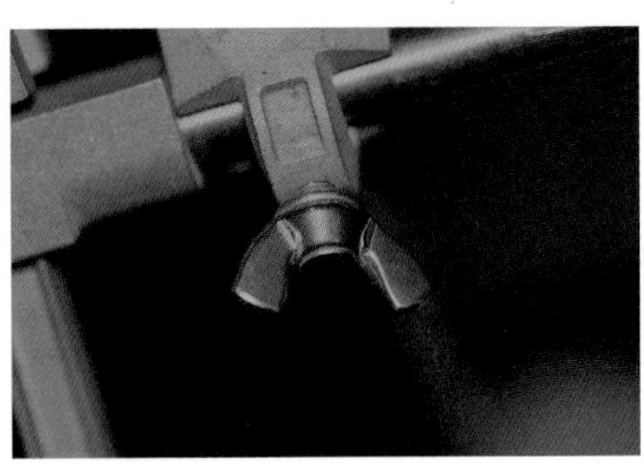

よく見るねじです。このねじの形に、科学的な意味があります。それは、一体何でしょうか。

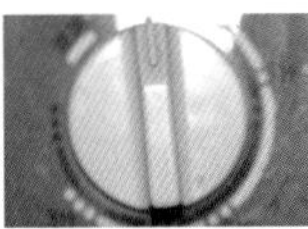

このつまみにも、同じ意味があります。

その意味は、このつまみをはずすとわかります。

つまみをはずすと、「何だか回しづらいな」とわかるでしょう。

では、なぜ回しづらいのでしょう。細い、小さい……それは、科学でいうところのどんな意味でしょうか。

同じ回す物でも、これを見るとピンとくるでしょう。

これで、支点と支点からの距離を大きくするてこの棒が見えましたか。世の中には、棒でなく丸いてこがたくさんあります。回転するところを太くすることは、支点からの距離を大きくしていることなのです。

これは、水道の取っ手です。水色のところに支点があり、白いところが力点になることにより、回しやすくなっています。支点からの距離を大きくして回しやすくする道具を子どもたちと見付けてみませんか。

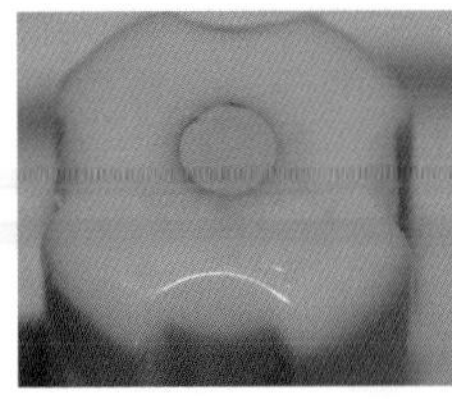

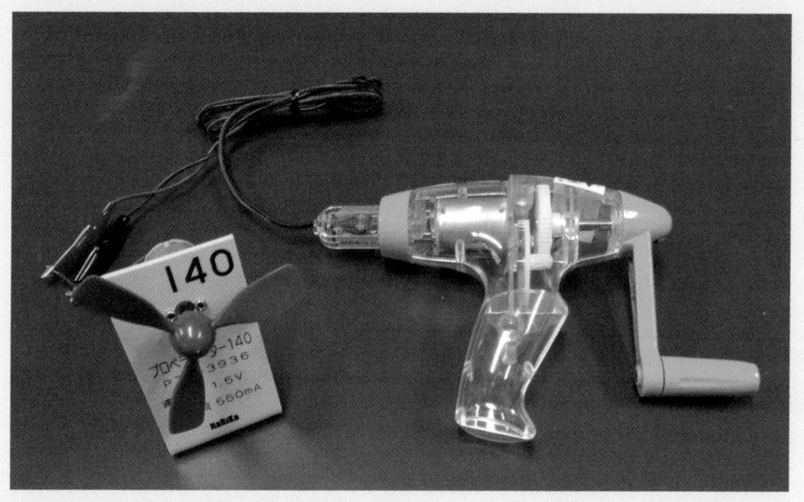

9章 電気の利用

◉これだけは押さえたい

- 電気は手回し発電機を利用してつくりだせたり、蓄電器に蓄えられたりすること。
- 電気は、光、音、熱等に変えることができること。
- プログラミングを利用すると、電気をより便利に利用できること。

◉指導のポイント

- 発電させる活動の中で、モーターを回転させる動きが電気に、そして、光や熱に変化したことを体験させます。
- 発電した電気で豆電球やLEDを灯す時、むやみに発電機を速く回転させると部品を壊します。教師が手回し発電機を、電圧計や豆電球につないで発電し、どのくらいの速さで回転させるか紹介しましょう。
- プログラミング教育で大切なのは、シーケンス、条件分岐、ループの3つです。本書では、赤外線センサーを使って、明るさの条件で絵が出てくる学習活動を掲載しています。プログラミングに慣れておくと、理科らしい学習になります。

50 手回し発電機を使う

時間 1単位時間

身近な材料で発電を体験した後、手回し発電機の扱い方を学びます。

ポイント

◉手回し発電機がついた非常用懐中電灯を見せて、どんなしくみで発電しているか考えさせます。モーターに電気を流すと回転することから、モーターを回すことで発電できることを紹介します。

準備するもの

◎モーター（FA-130等）◎豆電球（2.5V）◎ソケット◎角棒（割り箸）◎ビニールテープ◎手回し発電機◎雑巾◎木綿糸か凧糸

モーターを回して豆電球を点灯させる
子どもに１人１組ずつ、モーターに豆電球つきソケットを接続した器具を渡し、豆電球が点灯するか問いかけます。軸を指先で回したり、糸を巻きつけて回したりさせてみます。

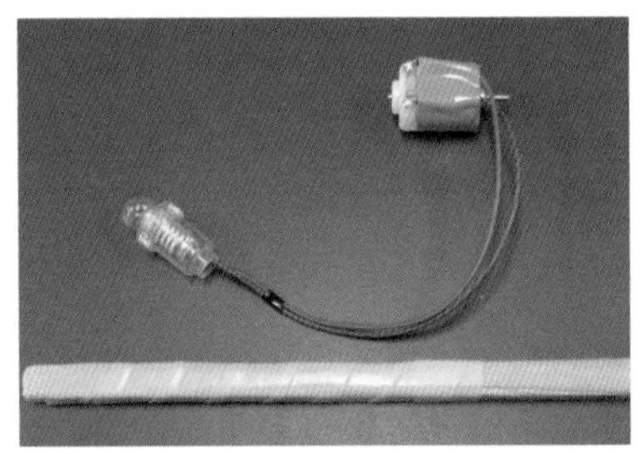

角棒（割り箸でも可）に、滑り止めのビニールテープをらせん状に巻きつけます。軸に角棒を載せて前後に動かすと、うっすらと点灯します。速く動かすと明るく点灯します。

◆電気はいろいろな仕事ができる

電気は熱や動力等に簡単に変換できます。この実験をすると、手の動きが電気に変わり、さらに光や熱に変化します。

・電球は2.5V、0.2Aを使うようにします。1.5Vの電球では切れてしまいます。
・５分10分と時間がたつと、クラスのどこかで「ついた」と声があがります。下敷きの縁や消しゴムを利用して点灯させた例もありました。

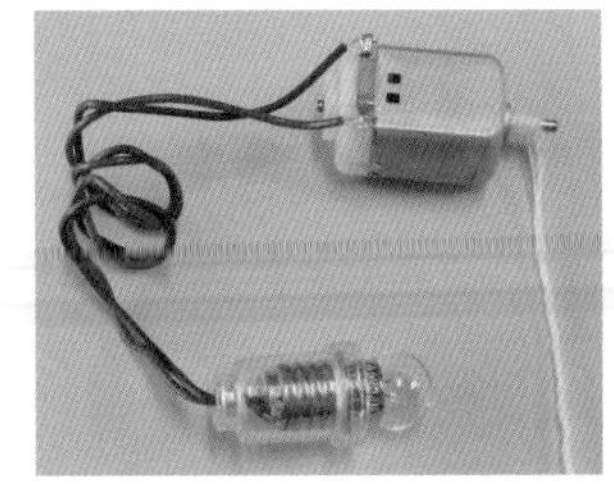

手回し発電機を使ってみる

効率よく発電できる道具が、手回し発電機です。内部にモーターや歯車が使われているため、モーターを速く回すことができます。豆電球つきソケットを渡して、手回し発電機の使い方を学びます。

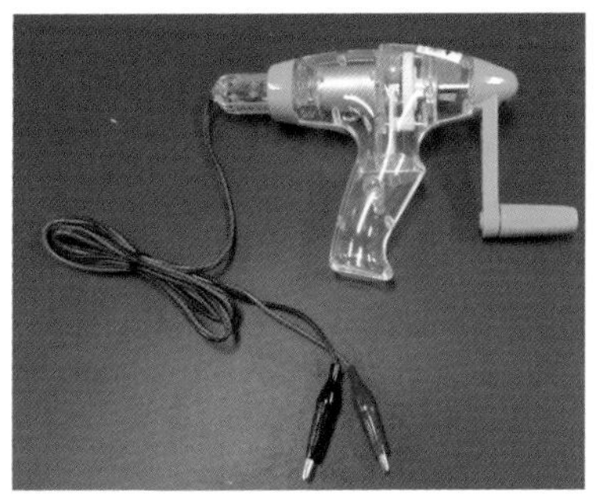

○使い方の注意

以下の操作は、教師がやって見せながら説明します。

- １秒間に３回転くらいの速さで、ハンドルを回します。速く回しすぎると、歯車を欠いてしまうことがあります。
- 急に力を入れてはいけません。ゆっくりと回し始めることが壊さないために必要です。
- 時計回りにハンドルを回した時、+側に+の電気が発電できるようになっています。

◆手回し発電機は種類に注意

手回し発電機には、小学校で主に利用する３Vの発電ができる機種と、中学校などで利用する９V〜12Vの機種があります。３Vの機種は速く回しても、３Vしか発電できないので、豆電球が切れることが避けられます。

◆歯車の修理

手回し発電機は機種によって交換用部品が別売されています。ねじ回しがあれば破損した歯車を修理できます。

やってはいけない

ハンドルを回す時は、急いで回さず、だんだん速くして１秒間に３回くらいの速さで回します。

モーターを回すと、発電できます。手回し発電機を利用すると、簡単に発電ができました。

51

モーター、LEDをつなぐ

時間 1単位時間

手回し発電機に、モーター、発光ダイオード（LED）等をつなぎ、電気が運動や光に変わることを体験します。

ポイント

◉発電した電気でモーターを回したり、発光ダイオードを点灯したりします。

準備するもの

◎手回し発電機（3Vタイプ）◎モーター（FA-130等）◎プロペラ◎豆電球（2.5V）◎電子メロディー（ブザー）◎発光ダイオード

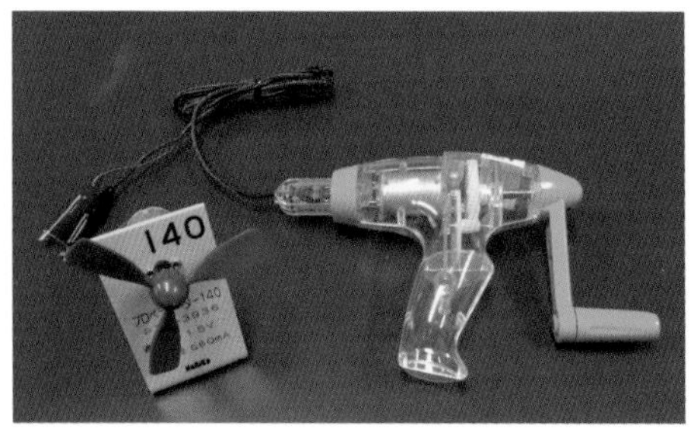

モーターベースの自作
木片にモーター取り付け金具をねじ留めすると、プロペラが机にぶつからないで回転します。取りつけ金具は、モーターと一緒に同梱されています。

プロペラをモーター軸につけた教材

実験のコツ
1.5Vの豆電球を使うと、球が切れやすくなります。2.5Vの豆電球を利用します。

◆実験

1　モーターをつないで

手回し発電機は、ハンドルを回す向きで、発電する電流の向きが変わります。逆向きに回転させると電流の向きも逆になることを、発電機とモーターをつないで体験させます。

2　豆電球をつないで

ハンドルを回す速さで明るさが変化すること、ハンドルを回す向きを変えても点灯することを確かめます。

3　発光ダイオードをつなげる

手回し発電機の+側（赤）に発光ダイオードの赤い導線、手回し発電機の−側（黒）に発光ダイオードの黒い導線をつなぎます。

手回し発電機のハンドルを回します。ゆっくり回すと発光ダイオードは点灯しません。速く回すと点灯します。また、逆向きに回しても点灯しません。

4　発光ダイオードの省エネを体感する

電球と発光ダイオードを比べると、発光ダイオードは節電になるといわれます。しかし、それぞれ１つずつでは違いがわからないので、複数個点灯させると、手応えがちがってきます。

5　電子メロディーを鳴らす

電子メロディーは逆電圧だと鳴らないばかりか壊してしまうこともあります。鳴らない時は、逆につないでいないか確かめます。手回し発電機用の逆向き電流対応電子メロディーを使うと安心です。

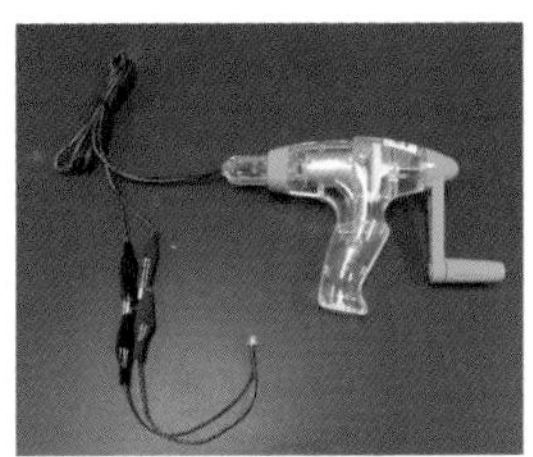

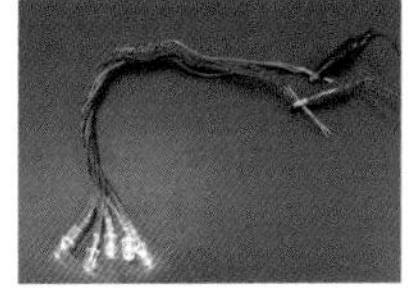

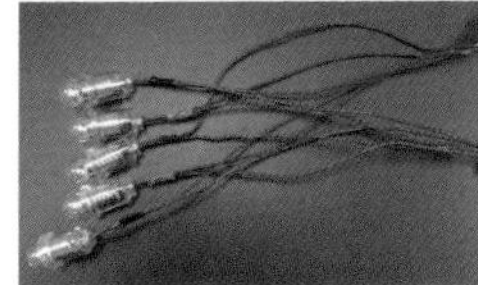

左の装置

豆電球３つを点灯させた時は、600mA。LED３つを点灯させたら60mAでした。豆電球では電気が光と熱に変わってしまうのに、発光ダイオードは電気の大部分が光に変わり、熱にはわずかしか変わらないからです。

※豆知識

発光ダイオードは、ある電圧になると点灯します。ゆっくりハンドルを回すと、電圧が低いので点灯しません。逆回転しても点灯しないのは、電流の流れる向きが決まっているからです。

豆電球を手回し発電機で点灯させると、ハンドルが重たいけれど、発光ダイオードは豆電球より軽かったです。

やってはいけない

発光ダイオードは逆方向の電気を流すと、壊れてしまうことがあります。正しい向きでハンドルを回します。

52 コンデンサをつなぐ

手回し発電機や光電池の電気を、コンデンサに蓄えて利用する体験をします。

時間 1単位時間

ポイント

◉発電した電気を蓄えるために、コンデンサを利用します。

準備するもの

◎手回し発電機（3Vタイプ）◎蓄電用コンデンサ（3.0V、2F程度）◎モーター（FA-130等）◎プロペラ◎豆電球（2.5V）◎電子メロディー◎発光ダイオード◎光電池

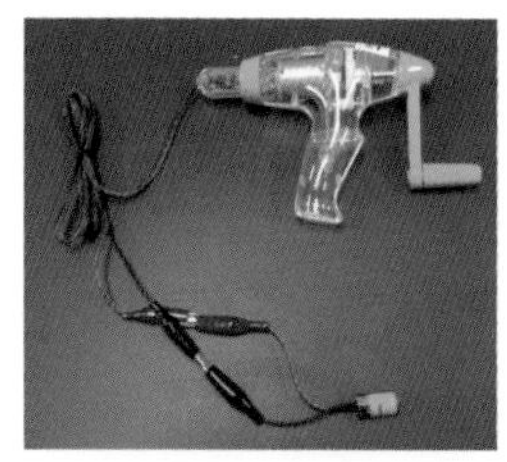

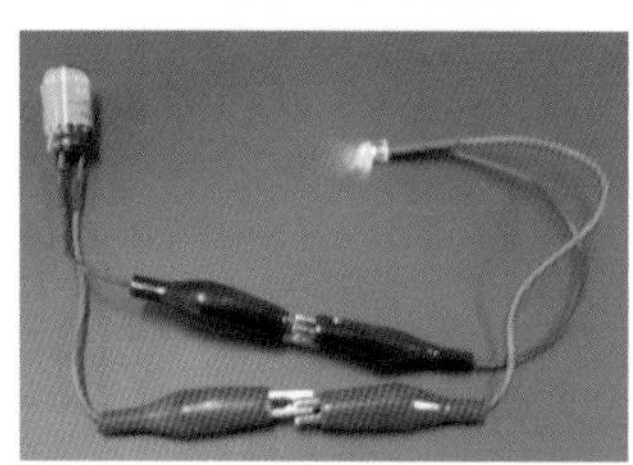

コンデンサは電気の入れ物

コンデンサは充電池のように電気を蓄えることができます。蓄えられる電気は少ないのですが、充電池に比べて繰り返し使える回数が多く、腕時計、交通安全標識の夜間点灯など幅広く使われています。

■蓄電できない

蓄電できない原因は、ハンドルを回す速さと向きです。ハンドルを回しながら、手応えの変化が感じられる時は正常です。

◆コンデンサに直接蓄電

1 手回し発電機の＋にコンデンサの＋、手回し発電機の－にコンデンサの－をつなぎます。

2 ハンドルを回して蓄電するにつれて、手応えが軽くなってきます。手応えが変化しない時は、ハンドルを回す速さが遅いか、ハンドルの回す向きが逆と予想されます。

3 蓄電された状態でハンドルから手を離すと、モーターが蓄電された電気で回転します。すばやく、コンデンサをはずし、発光ダイオードや豆電球、プロペラのついたモーターにつなぎかえます。

実験のコツ

実験前にコンデンサの導線をショートさせて、蓄えた電気を放電させてから、同じ条件で実験を始めます。

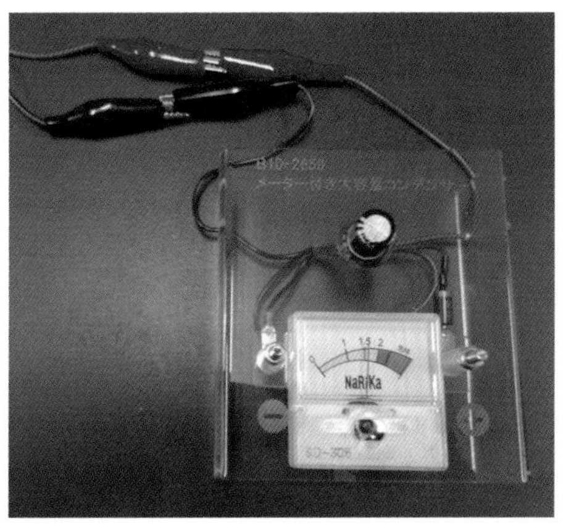

光電池で蓄電　（発展）
光電池（3V）をコンデンサにつないで蓄電します。このしくみを利用すれば、夜間、太陽が出ていなくても電気を利用できます。

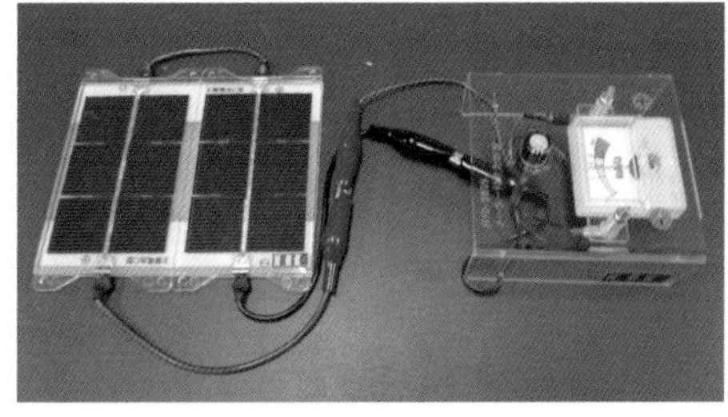

■電流計を利用して

コンデンサと豆電球、発光ダイオードに流れる電流を調べると、豆電球（250mA）より発光ダイオードは少ない（20mA）電流が流れていることがわかります。

◆蓄電装置を使う

蓄電装置の手回し発電機側に、手回し発電機の導線をつなぎます。蓄電するにつれて、赤いランプが点灯したり、メーターの針が触れたりして蓄電の状態がわかります。

◆発光ダイオードは省エネ

コンデンサに豆電球をつないだ時と、発光ダイオードをつないだ時の点灯時間を調べます。豆電球はすぐ消えるのに、発光ダイオードは長く点灯することからも、発光ダイオードが省エネなことがわかります。

◆点灯しない場合

発光ダイオードの特徴として、点灯し始める電圧があります。蓄電された電気が少ないと、規定の電圧に達しないので、発光ダイオードは点灯しません。

やってはいけない

コンデンサは決められた電圧があります。3.0Vと書かれているものだったら、約3Vになる回し方を教師がやって見せ（電圧計使用）、その回し方以上にならないよう指導します。

53 手回し発電機で、電気の基本を復習

時間 1単位時間

手回し発電機を利用して、小学校で学んだ電気の基本を復習します。

ポイント

◉3年生から電気の学習をしています。基本的な電気に関わる内容を復習します。

準備するもの

◎手回し発電機（3Vタイプ）◎ソケット◎豆電球（2.5V）◎導線

1. 回路をつくる（10分）

手回し発電機、豆電球ソケットを導線でつなぎ、点灯させます。電気の流れ道を回路といいました。

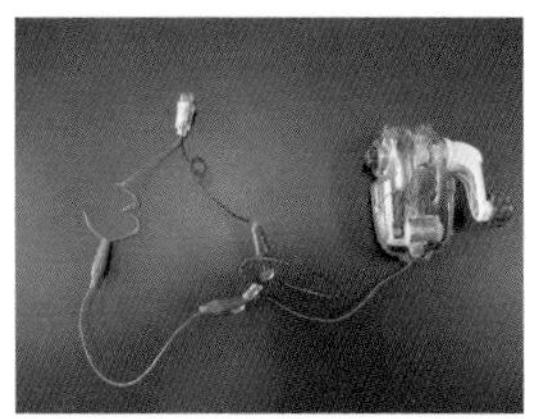

2. ショート回路（5分）

手回し発電機の導線を、直接つなぎ発電をします。電流がたくさん流れ、手応えが重たくなります。

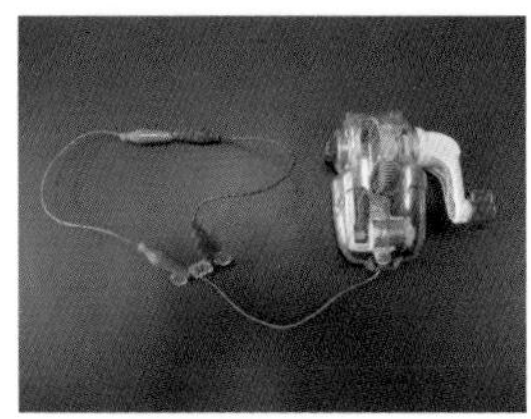

3. 並列回路（10分）

豆電球を2つ、3つ、4つと並列につなぎ、手回し発電機で点灯するか調べます。並列にする個数が増えると、手応えが重くなり流れる電気が増えていることがわかります。

・同じ手回し発電機でペアを組ませて利用します。手回し発電機の種類によっては、導線を処理して電気が取り出せるようにします。

・手回し発電機は、最大で3Vが発生する製品を利用します。使う豆電球は、2.5Vが適しています。

・ショート回路は危険なので、学習では扱っていませんが、この実験をすると、ショート回路では、たくさん電気が流れることを理解させるために行っています。

・4つでも点灯しますが、ハンドルを回すのがとても重くなります。たくさん電流が流れるからです。

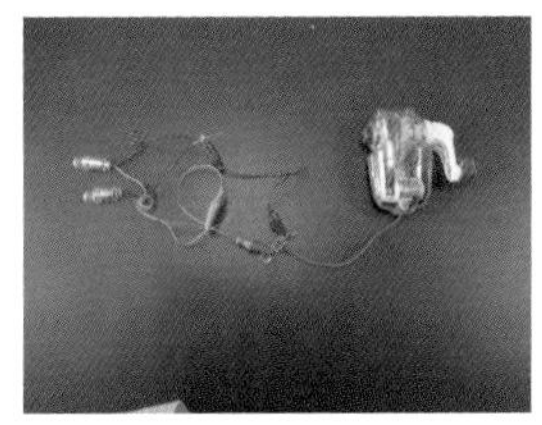

4. 直列回路（5分）
豆電球を2つ、3つと直列につなぎ、手回し発電機で点灯するか調べます。

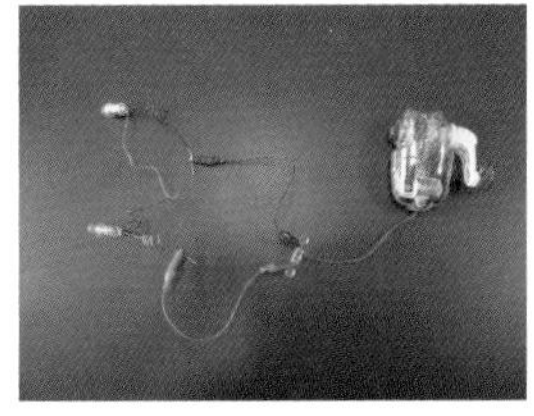

5. 手回し発電機の並列接続（10分）
乾電池の並列接続のように、手回し発電機2台と豆電球1つを並列に接続します。2台の回転方向が揃うと、豆電球が点灯します。

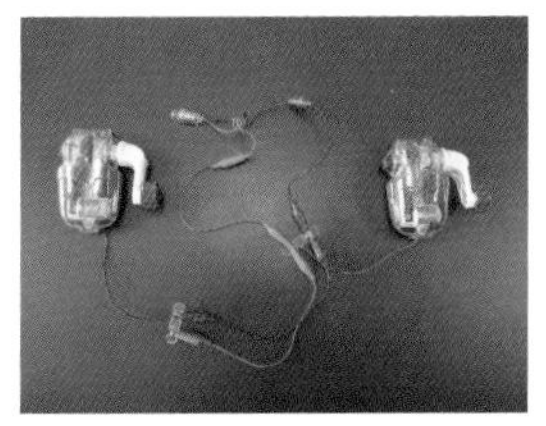

6. モーターが発電機（5分）
5の実験で気付く児童もいますが、2つの手回し発電機を直接接続し、片方の手回し発電機を回転させると、相手側も回転します。

◆ショート回路との関連

豆電球の個数が増えた時の手応えと、ショート回路の手応えから、ショート回路ではたくさん電流が流れていることに気付かせます。

◆直列回路

手回し発電機の電圧は3Vなので、豆電球を直列につないでいくと、点灯しにくくなります。

◆並列回路

手回し発電機を並列につなぐことは、乾電池の並列つなぎと似ています。ハンドルを回す向きを揃えると、約2倍の電流を取り出せます。

9 電気の利用

やってはいけない

手回し発電機を直列につないで、高速回転させてはいけません。電圧が高くなり、豆電球が切れてしまいます。高速回転はしないというルールを決めて取りかかりましょう。

54 電流と発熱

時間
1単位時間

電熱線に電流を流すと、発熱することを調べます。

ポイント

◉電磁石の学習で、電流を流すとエナメル線が温かくなることを経験しています。電熱線に電流を流し、電気は熱にかえて利用できることを学びます。

準備するもの

◎発熱実験器◎電熱線（直径0.2mm、0.4mm）◎電源装置◎単一乾電池（充電式単三乾電池）◎乾電池用電池ケース◎接続コード◎温度計◎発泡スチロール片

1. 発熱実験器と電源装置をつないで実験

発熱実験器と電源装置を、接続コードでつなぎます。細い電熱線と太い電熱線がある場合、太い電熱線の方が流れる電流が多く、たくさん発熱します。電源装置の電圧は、1.5Vから3.0Vにします。

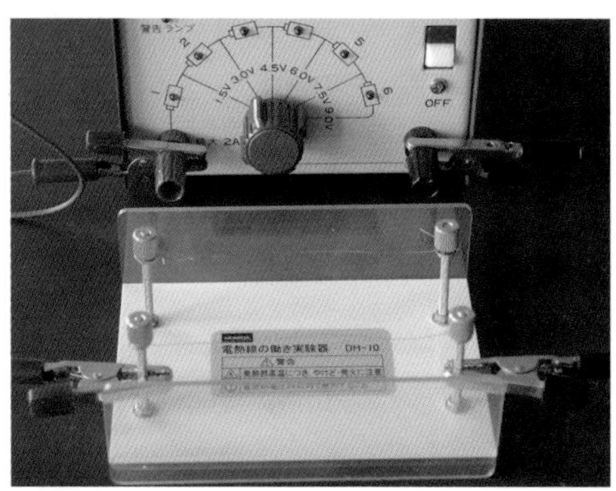

発熱しているかは、発泡スチロールを板状に切った破片を電熱線に押し当てて、確かめます。

◆太い電熱線では発熱しない?

電源装置が故障すると電流がたくさん流せないことがあります。発熱が不十分な時は、電流計を直列につないで、電流が流れているか確かめます。乾電池を利用した実験でも、電池の容量が少ないと、太い電熱線では電流不足で発熱しないことがあります。

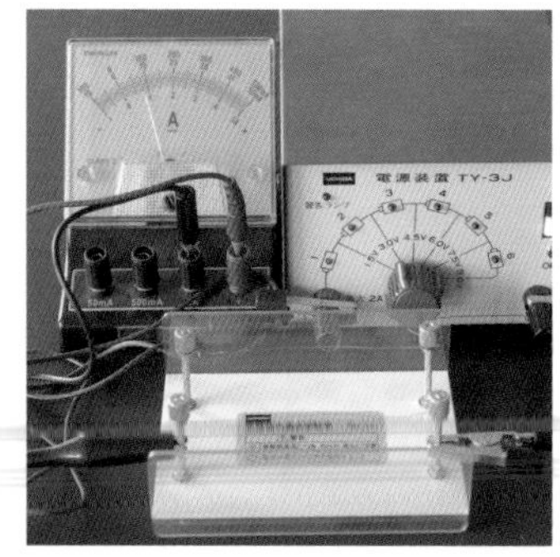

太さ0.2mm、長さ10㎝の電熱栓に３Ｖをかけると、0.8A。

2.　発熱実験器と乾電池をつないで実験

乾電池を利用する時は、単一乾電池か充電式単三乾電池を利用します。ショートさせると、たくさん電流が流れるので、ショートさせないようにします。

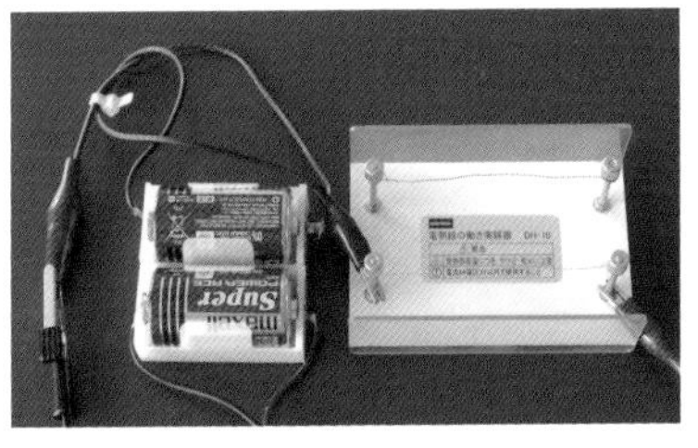

3.　温度計を利用した実験

棒温度計の先端（アルコール溜）に、電熱線を数回巻きつけて電流を流します。発熱していることが、温度計の液柱の変化で読み取れます。温度計を壊さないために、70℃を超えたらすぐスイッチを切ることを徹底します。

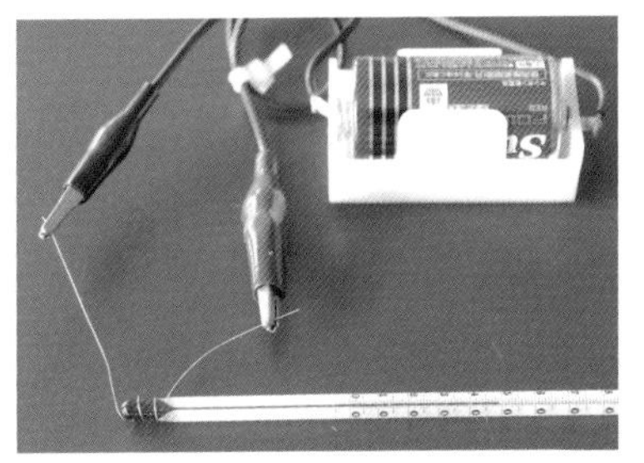

太さ0.4mm、長さ20cm、乾電池１つで約50℃の発熱。

◆実験のこつ

電熱線の長さが10cm前後であること、電熱線が端子にしっかり巻きついていることを確かめます。

◆自作の発熱実験器

板（横15cm× 縦 6 cm）に、ねじとナットで支えをつくり、電熱線を張れば、発熱実験器がつくれます。電熱線は教材メーカーから消耗品として購入できます。

やってはいけない

指定した電圧を守らせて、たくさんの電流を流してはいけません。電熱線が赤熱して装置を壊したり、火傷をしたりします。

55 micro:bit(マイクロビット)で、プログラミング体験をしよう

時間 4単位時間

条件や操作に応じて、機器の動作が変わるプログラムを作成します。

ポイント

◉ゲームもスマホも、プログラムで動いています。条件によって機器の動作を変えるプログラムをつくってみましょう。

◉教育用コンピュータのマイクロビットには、ボタンやLED、明るさや傾きなどのセンサがついています。

準備するもの

◎マイクロビット◎マイクロUSBケーブル◎電池式携帯充電器（USBタイプ。乾電池2本が入るタイプのものが百円ショップにあります）◎ネット環境のあるパソコン

【プログラミングの準備】

①パソコンにマイクロビットをUSBケーブルで接続します。ドライブとして認識されます。

②https://makecode.microbit.org/にアクセスし、「新しいプロジェクト」を開きます。これで、準備が整いました。

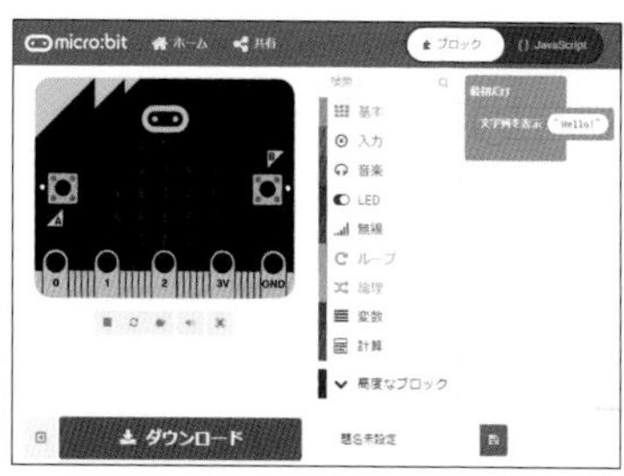

【プログラミング　その1】 1コマ目

①「基本」から、「文字列を表示」を取り出し、「最初だけ」の中に入れます。

②「ダウンロード」をクリックし、プログラミングしたファイルをダウンロードします。

③ダウンロードしたファイルを、マイクロビットのドライブにコピーします。

④コピーが完了すると、プログラムが動作し、LEDに文字が表示されます。リセットを押すと、また初めから動作します。

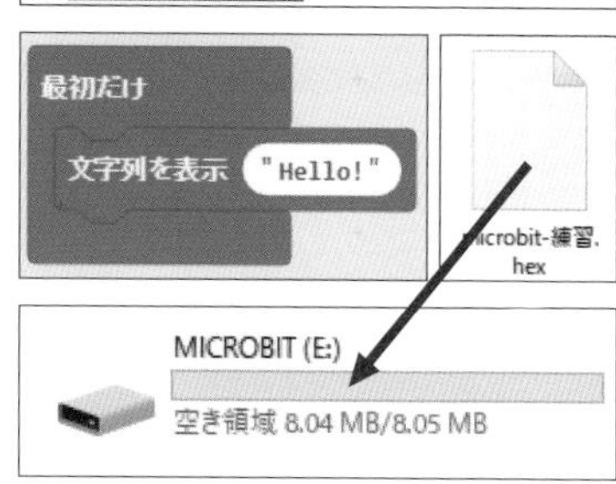

・マイクロビットをパソコンから外して動作させる時は、携帯充電器をつないで給電します。

【プログラミング　その2】２コマ目

①暗くなるとLEDに絵が出るプログラムをつくります。右の図のようにブロックをはめてプログラミングします。

②プログラムをダウンロードし、マイクロビットにコピーします。

③LED部分が光センサになっています。 LEDを手で覆うと、記号が表示されます。

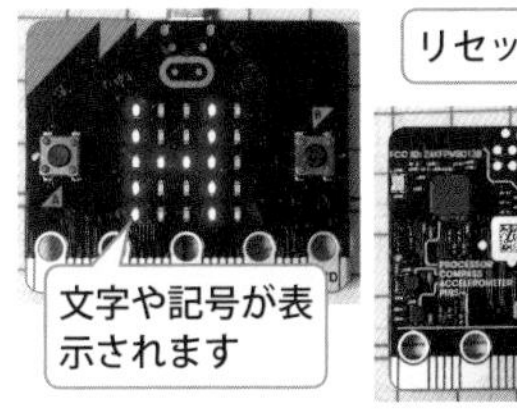

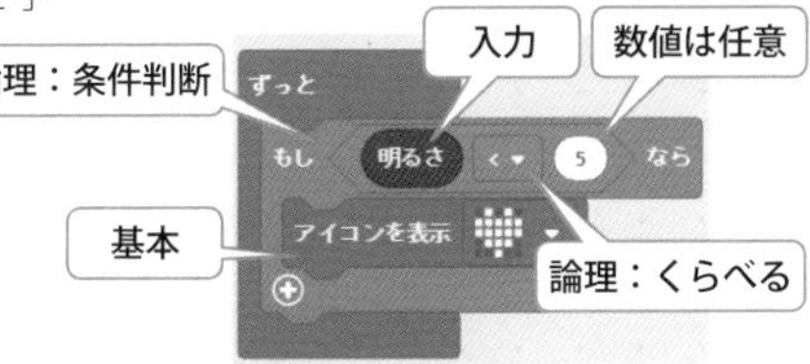

【プログラミング　その3】３コマ目

①ついたLEDを消す方法をつくります。右図は、「Aボタン」を押すと消える、「ゆさぶられた」で消えるの２種類です。

②特定の操作や条件で記号や文字が出たりするように、改造をしてみましょう。LEDがついても３秒で消えるようなしくみなどもつくれます。

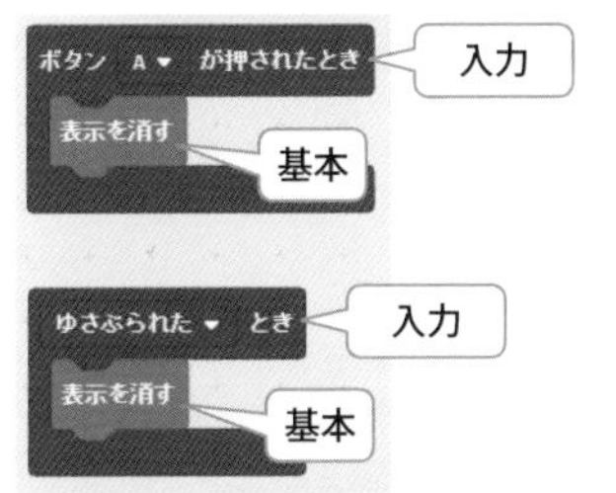

【音を鳴らそう】４コマ目

①写真のようにスピーカーをつなぐと、音を鳴らすことができます。特定の操作や条件で音が鳴るようにしてみましょう（別途、スピーカー等が必要です）。

②スピーカーがない場合は、自由にプログラミングする時間にしましょう。

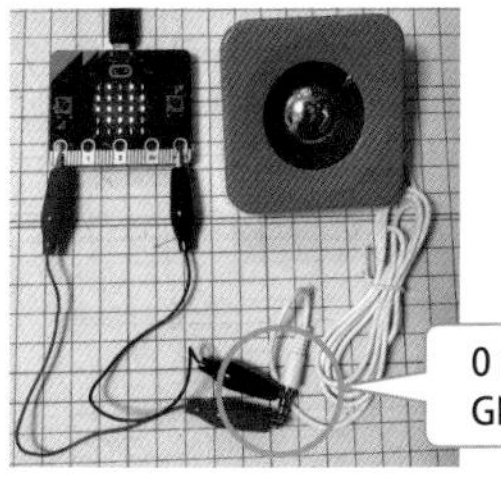

・スピーカーは、百円ショップにある、電源のいらないタイプを、みのむしクリップで接続します。

参考図書：高松 基広『micro:bitであそぼう! たのしい電子工作&プログラミング』（技術評論社 1,880円＋税）

やってはいけない

教師の指示通りで終わらせてはいけません。試行錯誤することが大切です。

56 スタディーノでプログラミング

時間 3単位時間

信号機を制御するプログラムづくりに取り組みます。

ポイント

◉信号機、マイコン扇風機等を例に、手順に従って作動していることに気付かせ、実際にその手順を体験します。プログラムとは、手順にしたがってものを操作する命令の集まりであることを紹介します。

準備するもの

◎PCかタブレット（ソフトウェア準備済）◎外部機器等。

○プログラムを組む流れ

1. 外部機器の準備をする

外部機器にLEDやセンサー等を接続します。接続場所、接続の向きに注意させます。

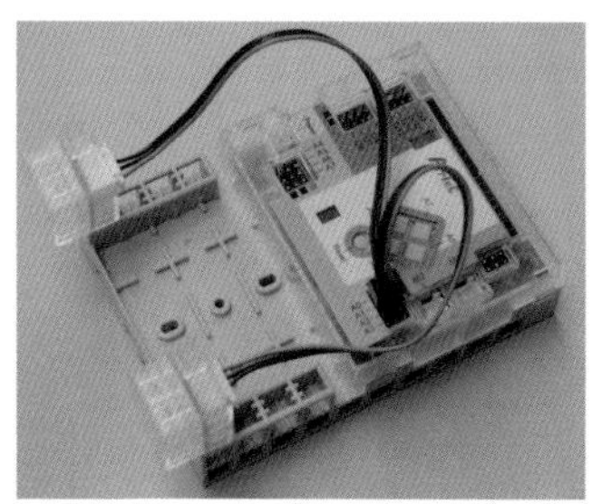

2. ソフトウェアを起動させます。

3. 何をつないだか認識させるために、編集機能にある入出力設定をします。

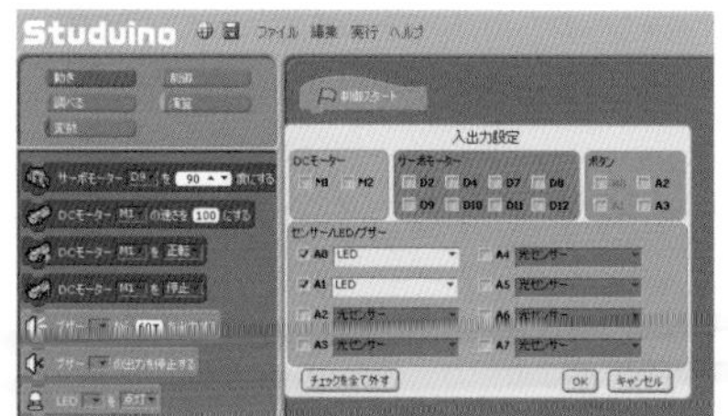

4. タブレットと外部機器をUSBケーブルで接続したら、テストモード開始を選びます。

◆教材によるちがい

教材にはそれぞれのソフトウェアや外部機器、転送方法があります。今回取り上げたのは、アーテック社の「小学校プログラミング教育推奨セットスタディーノ」です。

◆入出力の設定

モーター、LED、ブザーのような出力と、タッチセンサー、音センサー、光センサーのような入力をする部品をつなぐ時は、あらかじめ設定をしておきます。

◆テストモード

タブレットと外部機器を接続し、プログラムが実行できます。

5. LEDを光らせるプログラムを組む

①LED（A0）を緑。LED（A1）を赤とします。画面左のブロックパレットから「LED（A0）を点灯」を、画面右のスクリプトエリアにドラッグします。

②もう１つ「LED（A0）を点灯」をドラッグし並べたら、２つ目の「LED（A0）を点灯」をクリックして消灯にします。

③制御スタートをクリックすると、一瞬LED（A0）が点灯し消灯します。

6. プログラムを改善する

①一瞬しか点灯しないので、１秒間点灯するようにします。ブロックパレット「制御」から「１秒待つ」をドラッグして、「LED（A0）を点灯」と「LED（A0）を消灯」の間に入れます。

②他にも、次のような工夫ができます。児童の工夫でプログラムを改善させます。

・緑、赤と点灯させる。
・緑、赤、緑、赤と繰り返す。
・人が近づいたら、赤、緑と点灯する。

◆プログラムを書かせる

組むプログラムは紙に書かせます。書いて記録することにより、修正箇所がはっきりします。

◆お手本を示すことも大切

プログラムを組む技能は個人差が大きいです。プログラミングの内容が難しい時は、お手本を示して、それを修正させるようにして取り組ませます。

◆よい事例を紹介する

プログラミングの答えは１つではありません。よい事例があったら、本人に紹介させるようにします。

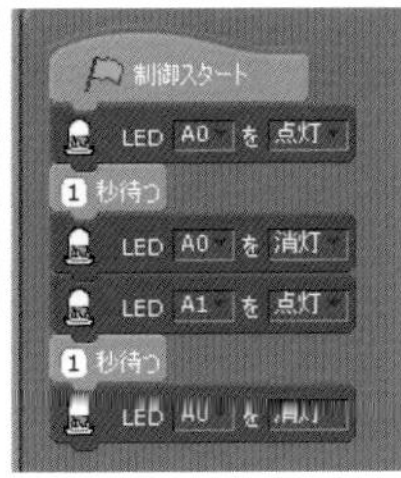

やってはいけない

１人１人の理解度は異なります。児童の実態をみて無理のない課題を設定します。

57 夏休みにやってみよう「ガラス細工」

時間 30分

傷がついたガラス器具は、加熱や衝撃で割れるので使ってはいけません。かくはん棒のつくり方を通して、ガラス細工の基本を練習します。

ポイント

◉かくはんするためのガラス棒、気体を誘導するL字管は、自分でつくることができます。

準備するもの

◎ガラス棒（外径6mm）◎ガラス管（外径6mm）◎ガラス管切◎目立やすり◎実験用ガスコンロ◎ゴム管（内径5mm）

【かくはん棒をつくる】

1. ガラス棒を切る

・目立やすりを使う方法

やすりを傾けて前後に数回動かし、ガラス棒に傷をつけます。

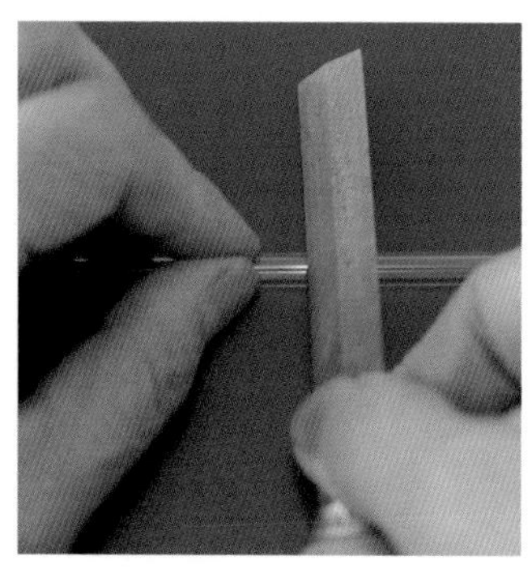

傷の反対側に親指をあて、軽く力を入れて折ります。

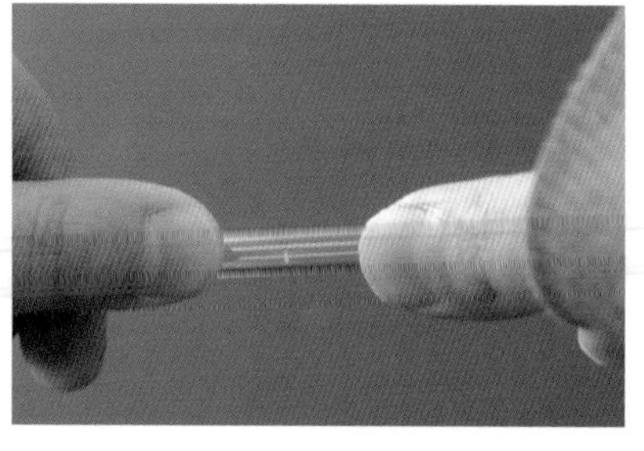

◆ガラス細工の注意

ガラス棒を折ると、とても尖っていて危険です。加熱して丸めたり、やすりをかけたりします。割れた場合は、破片を必ず拾い集めておきましょう。

◆目立やすりの切れ味

長く使っていると刃先がなまり傷がつけにくくなるので、新しいやすりを購入します。

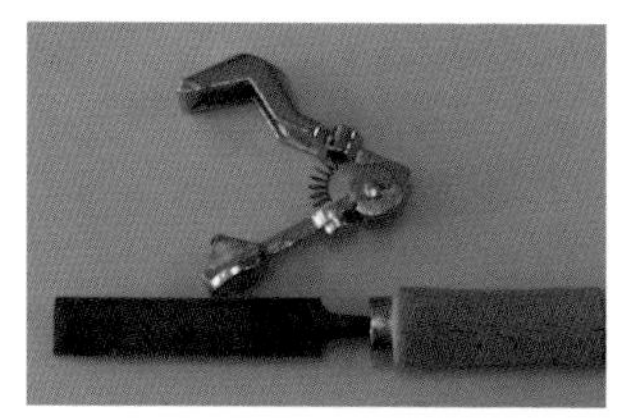

上：ガラス管切
下：目立やすり

・ガラス管切を使う方法
ガラス管を２枚の刃で挟みながら回転させて、傷をつけます。

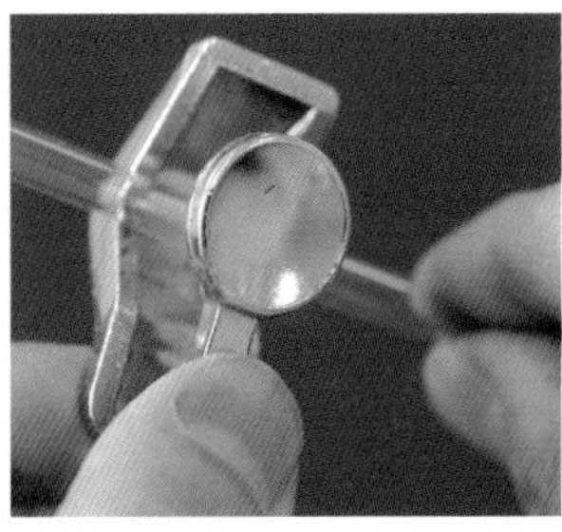

2. 切り口を仕上げる
切り口は尖っているので危険です。ガスバーナーの炎で焼きなましたり、目立やすりを利用して平らにしたりします。

ガスコンロを利用して、切り口を焼きなます

※ガラス管を利用する場合には、先端部を加熱して融かし封じる方法もあります。

3. ゴム管をかぶせる
かくはん棒として使う時は、ガラス棒の先に長さ２cm程度のゴム管をかぶせます。ゴム管を水で濡らしておくと、かぶせやすくなります。

完成したかくはん棒

◆ガラス管を曲げる

L字型のガラス管は売られていますが、自分で曲げるにはこつがあります。

・高温が出せるガスバーナーを利用します。
・曲げたい部分を中心として、左右５cmくらいを十分に加熱します。ガラス管が温まってくると、炎色反応が起きて黄色の炎になります。

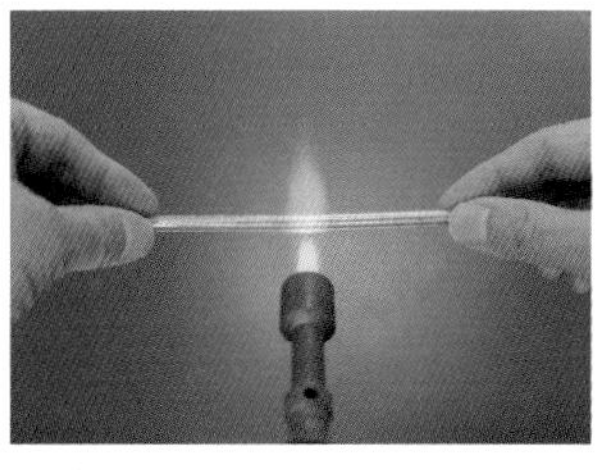

・十分に温まったら、炎の外に出して、ゆっくりと曲げます。

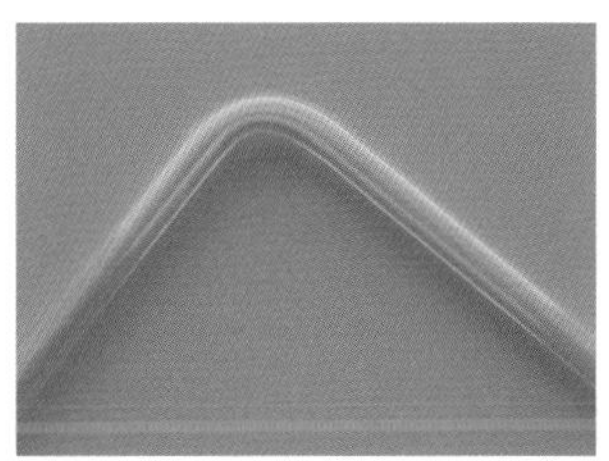

・金網やセラミック網に置いて、冷まします。

58 導線やみのむしクリップのはんだづけ

時間 15分

検流計や電源装置等につなぐ導線のみのむしクリップが断線していることがあります。これを修理しましょう。

ポイント

◉こて先は熱くしている時も光っているように、濡れたスポンジや雑巾でぬぐいます。
◉はんだでつけたいところが十分に温まっていないと、うまくつきません。こて先をあてて温め、糸はんだを添えてはんだを流します。

準備するもの

◎はんだごて（20W~30W）◎糸はんだ（錫含有率50%、融点183℃前後）◎こて台◎スポンジ◎ワイヤーストリッパー（ニッパー）◎ラジオペンチ◎導線◎みのむしクリップ（小）

こて先をスポンジでぬぐう

○導線の準備

1. ワイヤーストリッパーかニッパーで導線の先端を1cmくらい剥きます。
2. 芯線をよっておきます。
3. 芯線にこて先を当てて温めたら、糸はんだを当てて、あらかじめはんだでコーティングします。

◆はんだの種類

環境を考慮して無鉛はんだがありますが、融点が高くなります。一般的な電気工作用のはんだを利用します。

◆ワイヤーストリッパー

ビニル導線の被覆を剥くための道具です。ホームセンター等で、安い物ならば1000円くらいで手に入ります。

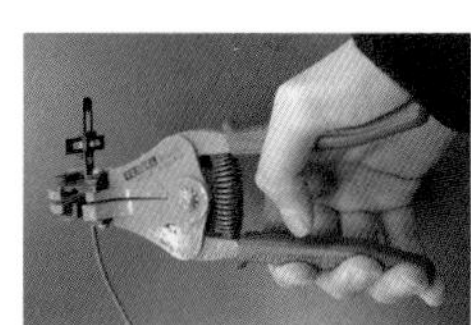

↑太い導線用　↓細い導線用

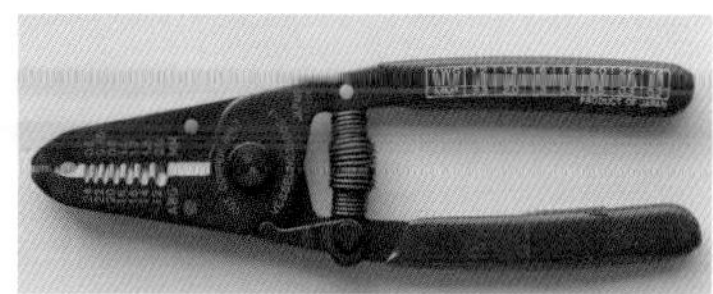

○みのむしクリップのはんだづけ

1. クリップのカバーをはずします。
2. クリップに導線の先を置きます。
3. 芯線をこて先で押さえて温めながら、こて先に糸はんだを当てます。

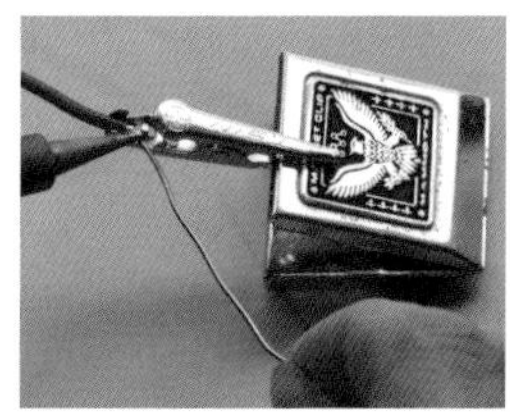
芯線をこて先で押さえ、はんだを当てる

4. はんだがクリップ内に流れだし、必要な分だけ融けたら、こて先を離します。
5. クリップが冷えたら、クリップの根元に爪が立っています。そこをペンチで潰して導線を固定します。カバーをつけて終わりです。

爪をつぶして導線を固定する。

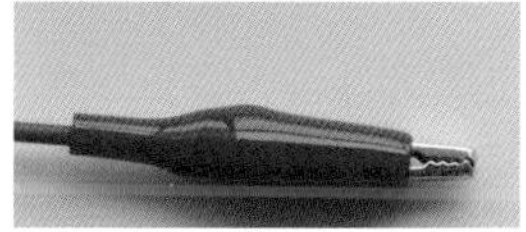
完成したみのむしクリップつき導線。

◆クリップの種類

クリップには赤、青の色以外にも、大きさで大中小があります。簡易検流計のクリップには小型（35mm）が適しています。

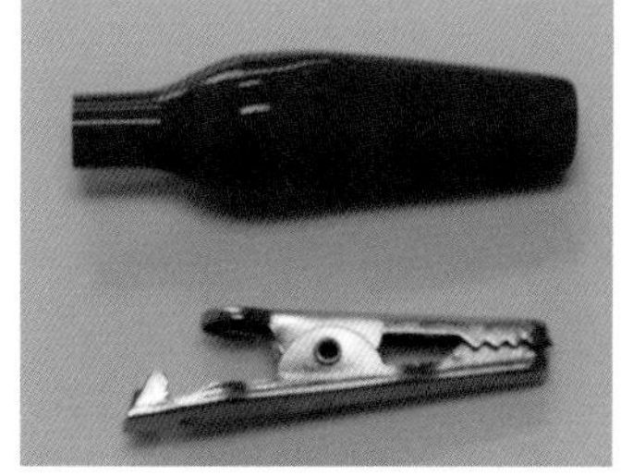

◆作業がはかどるために

みのむしクリップを磁石つきのクリップに挟んで作業をすると、クリップが動かないので、作業がはかどります。磁石は鉄板に固定させると安定します。

◆検流計の不具合は

検流計の針が動かなくなった時は、メーカーに修理を依頼しましょう。

やってはいけない

こて先を黒くしてはいけせん。黒くなっていると熱が伝わらず、うまくはんだづけできません。いつも、光っているようにします。

効果の大きい節電をしよう

❶普及した太陽光発電だけど

自宅に太陽電池パネルを設置すると国から補助が得られることや、太陽光発電の電力を電力会社に買い取ってもらう制度があり、太陽光発電施設が充実しました。真夏の炎天下、太陽光発電による電力が電力供給に余裕をもたらしています。

太陽光発電のお陰で、夏の昼間は電力供給に余裕ができました。しかし、夕方になると太陽光発電は使えなくなり、夏の曇りや雨の日も湿度が高くなって除湿をしたい時に、太陽光発電はあてになりません。冬も暖房用の電気は日が暮れてからたくさん必要になりますが、太陽光発電は使えません。太陽光発電があるからといって、毎日何時でも安心して電気が使える状態にはないのです。

❷節電効果の大きい物は

家電製品の省エネ化が進み、同じ容量の冷蔵庫やエアコンでは、昔の機種より少ない電力で利用できるようになっています。さあ、もっと節電できないでしょうか。

手回し発電機を使って、いろいろな物に電流を流すと、手応えの違いに気がつきます。ここにヒントがあります。

LEDを光らせる時には、手回し発電機は軽く回ります。ところが、豆電球を光らせるには、ハンドルが重くなります。さらに、電熱線を発熱させようとするには、かなり重くなります。

これらのことは、電気を熱に変えるときに大量の電流が流れることを意味します。熱の出る物は、電力（W数）が多い物です。

あるLED電球は、4.9Wでした。一方ドライヤーは1200Wでした。このドライヤーの使用時間を１分間減らすと、この電球を４時間消して節電したのと同じことになります。

空調機器のように消費電力の大きな物は、節電効果が大きいのです。

自分の考えを書く時間がそろそろ終わろうとしているところです。終わった子は姿勢をよくして待っています（人的環境）。

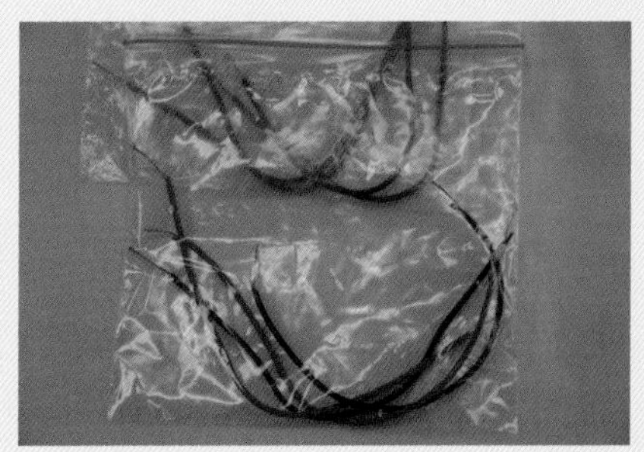
物は小分けにしておくと、短時間で班ごとに配れます（物的環境）。

10章…理科授業の環境づくり

◉指導のポイント

- 実験の準備をして、さあ授業。でも、うまくいかないことがあります。実験の準備はしてあるのに、器具を目の前にした子どもたちが、静かにしないので実験に取りかかれないこともあるでしょう。理科は、物を扱わせながら知性的な活動をさせるので、授業のマネージメントは難しいのです。
- 子どもたちが目的意識をもって実験するような授業を、日常的に行うにはこつがあります。静かにならない時に、教師が大きな声で注意することもあるでしょう。しかし、その方法しかなかったら、教師は根負けしてしまいます。
- そこで、理科授業の物的・人的環境に関係することも盛り込みました。１時間の授業パターン、騒がしくなる時の対応法、理科室の整備、事故の対応、役立つ文献等です。
- 授業の受け方を教えても、１度では身に付きません。例えば、自分の考えを書き終えたら何をするか、教えておきます。できた子をほめます。その方針を１年間通します。何度も同じことを繰り返すことで、教師が細かく指示しなくてもできるようになるのです。１度指導してだめでも、諦めずに育てていきましょう。だんだん子どもたちが活発に活動します。

59 静かにならない時にどうするか

子どもが静かにしていない時には、原因別に対応しましょう。同じ方法がいつも通用するとは限りません。

◉やることを明確にします。
◉こまめに評価します。

よくある話です。
「ほら、うるさい。静かにしなさい」
ザワザワザワ。
「静かにしなさい！」
シーンとするけど、しばらくしたら、またザワザワ。
そうならないように、次のようにします。

○約束事がわからない時
「説明します」
（全体を見回します。）
「素晴らしい。すぐにこちらを向きましたね」
（この時、できた子をほめます。全体はできていないでしょう。）
「今、こちらを向けた人も、素晴らしい。人のよいところを学べました」
（まだ私語をしている人がいたら）
「全員、起立」
（体を動かす指示をします。話を聞いてない子も、周りが起立するのでそれに合

1. 静かにしていない場面を分ける

子どもたちが静かにしない、話を聞いていないと思う場面があります。そうなると、実験の意味がわからなくなります。安全の注意を聞かないと、思わぬ事故につながりかねません。

そこで、いろいろな場合に分けて対応法を考えていきましょう。

2. 約束事がわからない

そもそも、「先生の話は１度で聞くものだ」と考えたこともない子もいます。ですから、その子には１度で聞く、言われたことを質問しないというルールを教えるところから始めます。

実は、静かにするよりも、話

わせます。）
「先生の話を聞く時には、１度で聞き取れるようにします。わかったら、着席」と、ルールを教えます。

○わかっていてやらない場合

「説明します」
（全体を見回し、聞いていない子を発見したら）
「持っている物を、すべて置きなさい」
（ちゃんと置いているかをチェックします。）
「○○さん、持っている物を置きます」
（これで静かになるまで、子どもたちを１人１人見ながら待ちます。）
「今、先生は、途中で説明をやめました。なぜでしょう」
「しゃべっていた人がいたからです」
「そうです。先生が話をする時には、静かに聞きます。そうすることで、授業の能率が上がって、みんなが賢くなります」
「それでは、やり直しましょう。説明します。素晴らしい。みんながさっと注目できました。こうしていくと、実験の時間も長く取れていいですよ」
　やり直したら、ほめて定着させます。

○やることがない場合

　活動を始める前に、「終わったら○○して待つ」と説明したり、板書に残したりします。静かにさせてもやることがなければ、騒ぐのが自然なのです。

を１度で理解する方が大切です。静かにしていても、意識が向いていない場合もあるので注意が必要です。
　それを指導し、常識を身に付けさせてから、「注意」をしていきます。

3. わかっていてやらない

　約束事がわかっていても、やらないで話が聞けないことがあります。楽な方に流されるためでしょう。
　この時には、基本的に、やり直すことで正しい行動をさせていきます。
　その時に、「なぜやり直しになるのか。どんなルールを守っていないのか」を子どもたちに言わせることです。
　ルールがわかっていても、「これ位は守らなくても構わないだろう」と思う子どもたちに、みんなで「そうではない」と否定させていきます。

4. やることが不明確な時間

　実験が終わった後に騒ぎ出すのは、実験が終わった後にノートに記録するとか、片づけをするとか、やることが不明確だからです。

60 子どもたちが落ち着く机間巡視の技

教室内を歩く時にも、子どもたちが落ち着く机間巡視の方法があります。
ぜひ習慣化しておきましょう。

◉実態把握、話し合いの指名計画、個別指導ができる机間巡視をします。
◉全体への目配りを忘れないようにします。

1. 机間巡視は規則的に

課題を提示した後、自分の考えを書かせている時に、教卓でじっとしている先生は少ないでしょう。

子どもたちに近寄って様子を見に行くのが、普通です。この行為を机間巡視と言います。見て歩くだけではだめで、いろいろ指導していくのだという意味を込めて、机間指導とも言います。私は、あえて机間巡視と言います。

写真の白衣の教師（私）は、机間巡視してノートを見ています。この机間巡視で私が一番大事にしていることは、規則

◆ノート作業の時

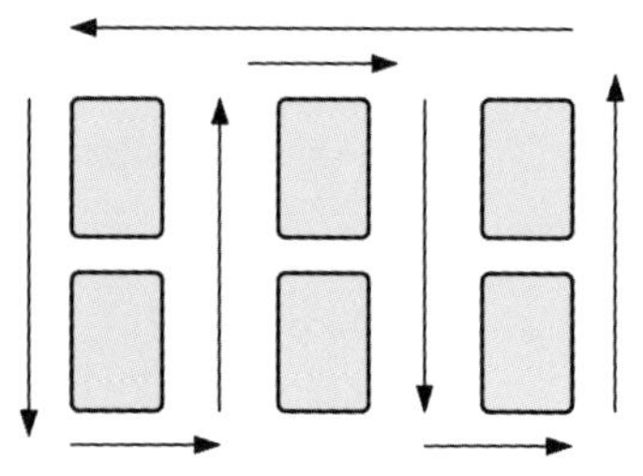

机間巡視のルート

規則的に歩くことで、全員のノートを見ることができます（実態把握）。

机間巡視には、実態把握、話し合いの指名計画、個別指導などの役割があります。先生を呼ぶ子に対応するのは、個別指導です。それだけだと、実態把握や指名計画ができなくなります。

指名計画は、「わかっていない子が多いなあ（実態把握）。

的に歩くことです。なぜかというと、「先生、先生」と呼ぶ子のところに行っていたら、もれなく全員のノートを見ることができないからです。

私だと、どこまで見たか覚えきれないうちに、次々と呼ぶ子に対応する必要が出てくると思います。見落としが出ます。

1班、2班、3班……と巡っていき、また1班にもどるようなルートで行うのが、見逃しなく全員の子どものノートを見ることができます。

2. 見られていることを意識させる

実験の時の机間巡視は、多少異なることがあります。正しく安全に実験させる必要があるので、勝手気ままな行動を見逃さない工夫が必要です。

そのため、全体を見回すためにあえて机間巡視をやめることもあります。教卓から、1班、2班、3班……と見ていき、また1班にもどるように、目を一定ルートで動かすことは大切です。

実験をしている時でも、机間巡視をしてもよいのです。ただし、大勢に背を向けるような立ち位置を取ってはいけません。理科室を外回りに回るような動き方をすれば、常に背中が外を向きます。

時々、対角線の位置にいる子どもに声をかけます。すると、子どもは、実験の最中も、先生が見ているのだなと思います。「教室全体を見ています」というメッセージです。

それなら、わかりやすい考えをA児、B児に発表させるだけでなく、C児も入れて3人に繰り返させて、D児に補足させよう（指名計画）」というような作戦を考えることです。

◆実験中

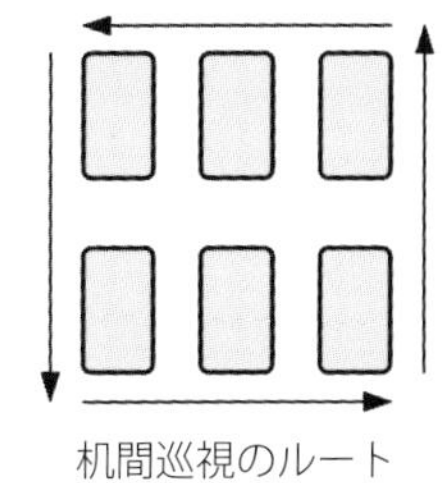

机間巡視のルート

実験中の机間巡視ルートは、左の図のようにします。常に全体が見えるようにします。

左の写真は、痛恨のミスでした。スタンドの調子が悪い班に個別指導をする時、背中を多人数の方に見せてしまいました。

本来なら逆の位置からやって全体を見回せるようにしておくべきでした（授業をビデオで撮ると、こういう反省をすることもできます）。

61 言ってもわからなければ見せる

話の聞けない子も、先生に迷惑をかけたくて騒いでいるわけではないことがあります。聞きたくても聞けない子には、伝えたいことを見せましょう。

◉「押してだめなら引いてみな」の精神で、対応します。
◉視覚化は有効です。少しの手間で、子どもも教師も授業に集中できます。

「あの子は、何度言ってもわからない」
「全然話を聞いていない」

こんなことを言いたくなる子は、どこの学校にもいるものです。

対応策は、「話が聞けなくても、こちらの意図が伝わればよい」と考えることです。「押してだめなら引いてみな」のようにすることです。「言ってだめなら大きな声でいう」と対応しては、手詰まりになります。こちらの意図が伝わればよいのですから、「言ってもわからなければ伝えたいことを見せる」のです。

まず、安全のための注意をするとき、黒板に「大切な注意だよ」とわかるカードを貼ってから板書します（「注意」のようなカードをつくっておく）。

火を消した後，先生が言うまで片づけない

言うだけでなく、書くことによって見

◆表示をつくる

「そこにある薬さじを持って行きましょう」

そう言われても行動ができない子がいます。しかし、このような表示がしてあって、中身がその通りになっていれば、行動できるのです。

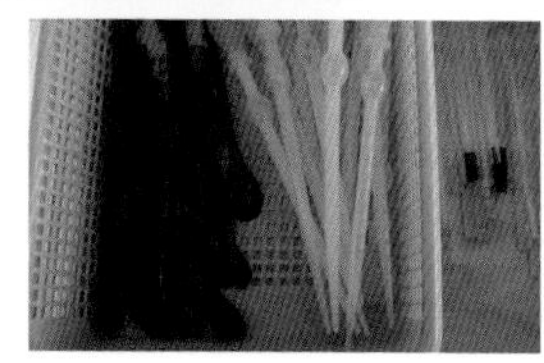

見てわかるようにしてあると、聞きたくても聞けない子が積極的に授業に参加しやすくなります。

てわかるようになります。特に、安全に関することには、このようなカードと板書を有効活用しましょう。

さて、筆者の勤務する学校には、21台の顕微鏡があります。実験机は７つあります。そこに５人グループをつくって座っています。顕微鏡を分けるにも、見てわかるように板書します。

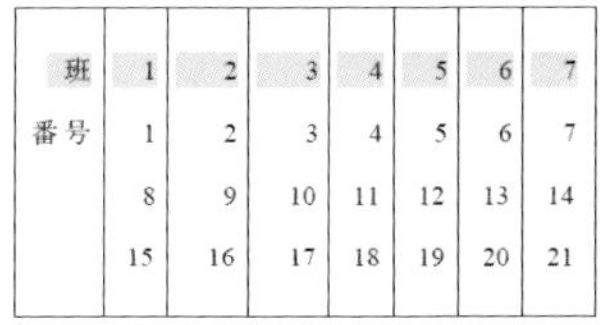

班	1	2	3	4	5	6	7
番号	1	2	3	4	5	6	7
	8	9	10	11	12	13	14
	15	16	17	18	19	20	21

このように板書しておけば、「自分は６班だから、６、13、20の顕微鏡を使えばよいのだな」とわかり、友だちと協力して取りに行けます。

ガラスが割れたら
先生に伝える
静かに行動する

実験で何かトラブルが起きそうな時、そのトラブルを予期して画用紙に対応法を書いておきます。

例えば、ガラスが割れたら、私は自分で処理することにしています。その約束事を黒板に貼ってから実験すると、安心できます。

他のアイディアはありませんか？

顕微鏡に番号をつけ、片づけるところにも番号をつけておきます。どの班がどの器具を使うのかが明確になるので、混乱が減ります。片づけの場所まで番号をつけておくと、話を聞いていない子でも丁寧に片づけることができるようになります。

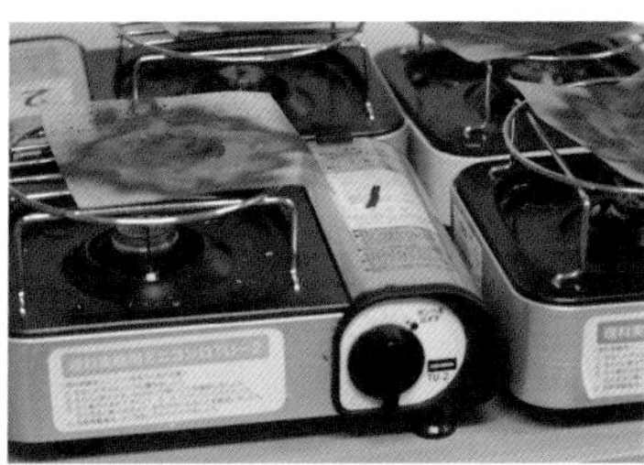

実験用コンロが班の順番に置かれています。下に片づける場所を示す番号がつけてあります。

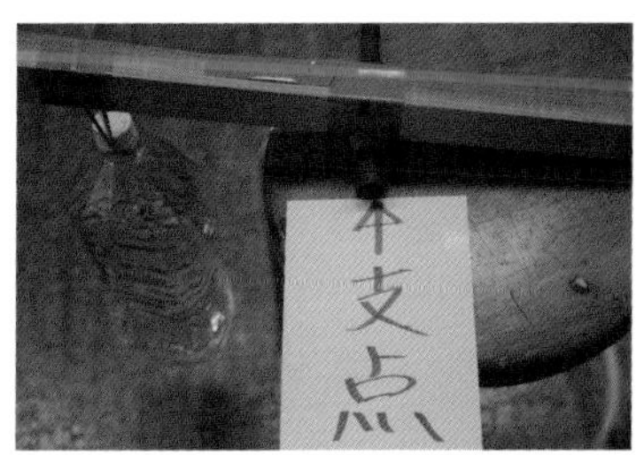

視覚化は、重要な用語を定着させるのにも有効です。

62 理科室の整備

実験をしたり考えたりする時間を確保するには、物を探す等の時間を減らします。
そのための理科室整備です。

ポイント

◉何がどこにあるかを明示します。
◉順番や役割分担のルールを決めやすくします。

準備するもの

◎ビニールテープ（黄色）
◎油性ペン

班の番号と座席番号を実験机に貼っておきます。

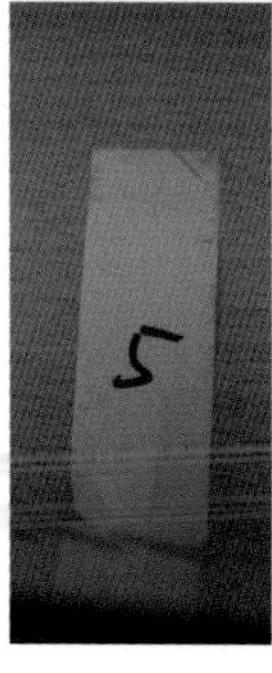

実験用コンロにも番号をつけて、班ごとのどのコンロを使えばよいかを明確にします。置く場所にも番号をつけて、どこに片づければよいかを明確にします。
これで、自主的にきちんと片づけができます。

◆番号を書いておく

実験用のテーブルに、班の番号と座席番号を書いておきます。班の番号は、器具の番号と一致させます。

1　写真は、実験用コンロです。1班の子は1番の物を使います。こうすることで、班ごとに器具を大事に使うようになりますし、持ち出したり片づけたりする時の混乱も減ります。

2　座席番号で、役割を分担します。「今日は1番の人が持ってきます」等と指示します。基本的に、持ってきた子が片づけるというルールにします。

濡れ雑巾を確保。

マッチ、気体のボンベ等に、班の番号。

学年の収納場所を確保。

3 どこに何があるかがわかることで、探すことに時間をとられず、内容に集中できます。

加熱器具や薬品を扱うために、安全のための掲示物を用意する、濡れ雑巾を用意する等に気を配りましょう。マッチには番号を振り、班の番号と一致させます。片づけの時には、すべての班が戻したことを確認します（持ち出しを防ぐ）。

気体のボンベにも、班の番号を書いておきましょう。班ごとに大事に使います。

4 収納は、基本的に学年ごとにまとめていきます。そして、どこに何があるかわかるように、できるだけ大きな文字で表示していきます。

5 ラベルは、紙の物を使うと剥がす時に大変です。黄色のビニールテープと油性ペンの組み合わせがよいです。文字だけでわからない子に備え、写真も掲示しておくとよいでしょう。

整備ができていると、物を探す時間がかからず、授業の内容に集中できます。その内容に関わる時間をわずかでも増やすために、整備するのです。

63 授業づくりのノウハウ

温故知新。伝統ある理科の授業スタイルの中にも、現代に通用するノウハウはたくさんあります。

ポイント

◉授業の流れを過去の成功例に学ぶことは大切です。先人の工夫を知ることができます。

（1）言葉だけの問題提示は避ける

「赤っぽいカタバミも光合成するか」という問題があったとします。さあ、これを口頭でのみ示したら、ちゃんと子どもたちは聞くでしょうか。

最低でも、赤っぽいカタバミを見せながら提示しましょう。物を見せ、注目が集まってから話すようにすれば、私語をする子どもは減るし、よく話を聞いてわかるようになります。

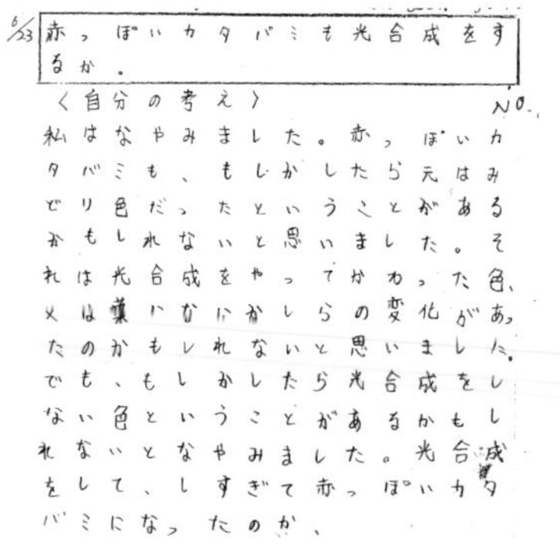

6/23 赤っぽいカタバミも光合成をするか。

〈自分の考え〉 NO.

私はなやみました。赤っぽいカタバミも、もしかしたら元はみどり色だったということがあるかもしれないと思いました。それは光合成をやってかわった色、又は葉になにかしらの変化があったのかもしれないと思いました。でも、もしかしたら光合成をしない色ということがあるかもしれないとなやみました。光合成をして、しすぎて赤っぽいカタバミになったのか、

【解説】

学習課題は、その時間に教師と子どもが協力して到達する内容（到達目標）が隠されているものです。左の問題なら、「植物は、例外なく光が当たってでんぷんをつくる」という内容をすべての子どもたちが実感できることを狙っています。でも、その狙いは、具体例を見ていかないと達成できないでしょう。そこで、問い方に工夫が必要になります。

具体的に聞くなら、選択肢を用意するのも有効です。

子どもたちを提示する物に注目させてから、教師が話します。こうして、注目して話を聞くというルールも教えていきます。

（2）予想とその理由を書かせる

AかBを選ぶ問題だったら、どちらかだけではありません。「迷っている」という予想もあることを教えます。

予想をノートに書かせたら、その理由を書かせます。予想の理由を書くことにより、仮説が立つことがあります。前の学習（ノートの前のページを見て）や過去の経験を参考にするよう助言すると、理由の考え方が身に付いてきます。

〈考え方のヒント〉 **前の学習** **したり見たりした経験** **本で読んだ、ネットで見た　等**

（3）予想の人数確認

迷っている、A、Bという場合なら、全員に手を挙げさせて、必ず全員がどこかに入っていることを確認します。

（4）話し合い

まず、迷っている子から、発表させます。

次に、少数派の自信がない子、多数派の自信がない子の順に発表させていきます。

この時、聞き手に「向く、うなずく、書く」の３つの「く」を指導します。発表者を向いて聞く、そして反応することです。

後は、自信のある子に発表と質疑応答をさせていきます。「植物はでんぷんを

カタバミは小さいので、実物投影機で拡大するなどの工夫をしましょう。この時、投影している画面の脇に立つと、子どもたちが集中したかどうかがわかります。

予想の理由の中に、「こういうしくみや決まりがあるのではないか」というものが出てきます。それが仮説です。

迷っているという予想の場合は、理由を２つの立場から書かせます。「こうならばA、こう考えるとB」のようにします。

考え方のヒントを掲示物にしておくとよいです（左の枠）。

ここでは１人で考えさせます。わからない、書けないという子は、話し合いがすんでから書けるようにと励まします。

話し合いを聞いて予想を変えてもよいので、確実に手を挙げるように伝えます。

全員が参加することについては、毅然と指導します。

わからない、迷ったと素直に表明できることは、授業づくりや学級づくりで、大変重要です。

つくりすぎると赤くなるのではないか」のように、「こんな決まりがあるのではないか」という仮説を含むと反応がよくなります。

(5) 人の意見を聞いて

話し合いを聞いて、自分の意見をもう１度書きます。予想とその理由を書くのです。

最初のうちは、人の意見を聞き取って書くことが難しい子もいます。徐々にできるようになってきますので、励ましましょう。

(6) 実験

予想の人数確認をもう１度したら、実験です。どんな実験を行うか明確にし、準備役割、片づけの役割なども明確にして、取り組ませます。

〈人の意見〉
私はやはりなやみました。理由はさっき言ったこともありますが、紅葉は、どうして、色がかわるのだろうか、と思いました。みどり以外の葉はすべて光合成しないとなれば、本当になにも吸わず又は根から栄養をすっているのかなと思いました。
前に化学クラブでみどり色の葉ですが、けんび境でみたら、葉に口のようなものがありました。正しくおぼえてはいませんが、みや内先生がそこから水をすっていると言っていたような気がしました。でも、い見がまとまらなかったので、なやみました。

発表者を向いて、うなずくなどの反応をした子を、「発表者を勇気づけている」と賞讃します。

仮説がみんなに伝わり、どの仮説が正しいのかを検証するために実験しようという気持ちを高めます。

ここでも書くチャンスがあるので、最初の予想＋理由のところで、教師が個別に教えるようなことはしなくても大丈夫です。

場合によっては、主な意見のキーワードを板書に残して、ヒントにする必要があります。正解だけでなく、間違った意見も書いておきます。

実験はどの仮説が正しいかを確かめるためのものです。しかし、実験となるとたんに興奮して遊び始めてしまう子もいます。そこで、実験が終わった後の行動まで示して取り組ませる

（7）学習のまとめを書く

学習のまとめとして、３つのことを書かせていきます。

①**実験の事実**（ここは全員に）

実験を行ったこと、観察したことを、日記のように書いていきます。

②**その理由**

正しいことが確認された仮説を書きます。話し合いの中で、それが出されていることが、鍵になります。

③**ふり返り**

〈まとめ〉
していました。昨日と同じ実験をしたら、同じようにはんのうしていました。葉にみどり色が少しのこっていたからかなと思いました。

←こんなかんじ
(ちょっとピンク？)

この時間の学習をどう受け止めたかを書きます。「だから何なのよ？　どう思ったのよ？」に答えるように書くと楽しく書けます。「葉に緑が少し残っていたから」というその子なりの理解が書かれるようにします。

のがよいでしょう。

やることに曖昧さがあると、遊び始めてしまうからです。

実験が終わってからノートをまとめ、発表を聞きながら修正するのに10分程かかります。

それを見越した時間配分をしていきましょう。

③まで書けた児童に発表させていきます。その発表と比べて大事なところ（キーワードを教師が示すことがあってもよいです。）が抜けてないか確認し、修正しながら仕上げていくようにします。

※この基本的な流れについては、玉田泰太郎著『理科授業の創造』（新生出版　絶版）を参考にしました。

※「３つの『く』」は、土作彰著『絶対に学級崩壊させない！ここ一番の「決めゼリフ」』（78ページ）より

64 ケガや火傷をした時は

安全に注意していても、ケガや事故は起こります。対応方法を確認しておけば、いざという時に行動できます。

ポイント

児童はケガや火傷をすると、「怒られる」ことを心配します。対応が早ければ、本人の怪我も軽く済み、事故の拡大も防げます。「何か起きたら、すぐに知らせる」を合言葉にします。

○事故発生時の流れ（必要に応じて）

1　本人、周囲の児童から教員に知らせる。

2　他の児童を落ち着かせる。
- 実験の中止や教員の応援要請をする。
- 児童の応急手当をする。

3　養護教諭と管理職に連絡。
- 保健室にて応急手当と医療機関受診の判断をしてもらう。
- 保護者への連絡。

4　理科室の現状復帰。
- 割れた器具の始末、清掃など。

※管理職にも、何か起きたらすぐ知らせる。全部知らせる。

・救急箱を用意する

　絆創膏などが入った救急箱を用意しておきましょう。学期始めに、必要数があるか確認します。

・砂が入ったバケツ

　アルコールランプが倒れて机に炎が広がった時は、濡れた雑巾や砂をかけて空気を遮断して消火します。

・ポリバケツ

　衣服に燃え移った時は、水をバケツに入れて消火します。教師の白衣をかぶせても可です。なお、白衣を着る際は必ずボタンをかけて着ます。

・目洗い器（アイカップ）

　目に薬品やごみが入った時に利用する洗眼容器。水を容器に入れて、その中で瞬きをさせます。目洗い器がなければ、蛇口から水を弱く流しながら眼を洗う方法もありますが、眼球に強い流水を当ててはいけません。

○火傷をした時の対応

1　熱による壊死を防ぐため、流水につけて、痛みがとれるまで冷やします。
2　痛みが軽くなったら保健室で処置をしてもらいます。

※養護教諭の判断によっては、痛みが軽くなるまで待ちません。

○ガラス破損による切り傷

ガラスの断面は鋭利なので出血が多く、水で洗い続けると、出血は止まりません。

1　傷口や周辺を水道水で洗い流します。破片が除去できるようなら、除去します。
2　ガーゼや清潔なハンドタオルで、傷口を押さえて圧迫止血します。
3　保健室で確認後、絆創膏で保護します。

○薬品がついた時

基本はすぐに水道水で洗い流すことです。

・指や皮膚についた時は、流水で洗い流します。衣服についた時は、着替えさせてから衣服を水につけて洗います。
・目を洗います。
理科室の水道にはホースがつけてあります。それは、いざという時に弱い流水で、目を洗うことにも使えます。

◆保冷剤を冷蔵庫に

洋菓子やアイスクリームに添えられる保冷剤を理科室の冷蔵庫で冷やしておくと、火傷の処置に使えます（基本は流水で）。

◆ガラスは割れることを想定しておく

ガラス管をL字に曲げた物を折ってしまい、それで手を切るような怪我をする子もいました。ガラスを使う時には、常に割れる危険を想定しましょう。

・衣服についた薬品は、時間の経過によって、穴があいたりすることもあります。
・強アルカリは危険です。水酸化ナトリウムは皮膚につくと、タンパク質をとかしてぬるぬるします。水で十分に洗い流すか、食酢やクエン酸のような弱酸で洗い、さらに水洗いします。

やってはいけない

思いつきの対応はだめです。左ページの事故発生時の流れを、教卓近くに掲示しておきましょう。

65 役立つ文献

子どもが科学に興味をもつ本と、教師の授業づくりに役立つ本

◆図書室や学級文庫に置きたい本

○宮内主斗編著『おもしろ理科こばなし』1、2（星の環会）1200円＋税

5、6年生の内容に関係する科学の話を集めた本。3ページ1話の短編集なので、自分の気になるところを読み進めることができます。超能力のような、科学のようで科学でない話も取り上げています。

3年生から読める『たのしい理科こばなし』1、2（星の環会）1200円＋税、高学年向けの『役立つ理科こばなし』1、2（星の環会）も、ぜひ子どもたちの手元に置きたい本です。

○左巻健男、生源寺孝浩編著『新しい理科の教科書　小学6年』（文一総合出版）1200円＋税

教科書のようですが、読むだけでわかるように意図して作られた本。教科書は、実験したり教師に教えてもらうことを前提としているので、読んだだけではわかりづらいのです。内容豊かな本なので、検定教科書を読むだけでは物足りない子どもたちも楽しめます。3年から6年生までのシリーズです。

○板倉聖宣著『科学的とはどういうことか』（仮説社）1800円＋税

題は難しそうですが、十分小学生（高学年）でも読める本です。この1冊で、科学大好きになる子もいます。「科学的」とはどんなことか、読んで納得できるようになる本です。

この著者の本には、中学年から読める『いたずら博士のかがくだいす

き』（小峰書店）シリーズ2800円＋税、『いたずらはかせのかがくの本』（仮説社）2200円＋税、『ジャガイモの花と実』（仮説社）1600円＋税他多数の魅力的な本があります。

学校の図書室には、これらの本を揃えておき、子どもたちが手軽に読めるようにしておきたいものです。

◆教師向けの参考書

○宮内主斗著『理科授業づくり入門』（明治図書）1800円＋税

理科の授業でいろいろな実験を見せ、子どもたちをびっくりさせようと思うと、この本はそういう期待には応えられないでしょう。

どうやって実験を子どもたちに提示するのか、どうやって子どもたちの意欲を喚起していくのか、という部分を詳しく書いてあるのです。お寿司屋さんにたとえると、寿司の握り方、ネタの仕込み方の書いてある本です。机間巡視の仕方、子どものほめ方など、わかっているようでわかっていない話が書かれています。

もし、特別な支援を要するお子さんへの対応で悩んでいる場合には、こちらの本もお役に立ちます。

拙著『子どもが育つ５つの原則－特別支援教育の視点を生かして』、『子どもが伸びる５つの原則－特別支援教育の時間軸を使って』（さくら社）1800円＋税。

○宮内主斗・玉井裕和編著『教科書と一緒に使える小学校理科の実験・観察ナビ〈上巻〉』（日本標準）2000円＋税

本書同様パッと見てわかり、なおかつ詳しい本です。

実験の仕方が簡潔に書かれているページの後ろに、詳しい説明があります。

実験器具の使い方にも、ちゃんとした科学の理由がありました。それを子どもたちに語れるようになれば、あなたも子どもたちから尊敬の眼差しで見られることでしょう。

なお、上巻が３、４年生、下巻が５、６年生の実験を中心に書かれています。

○板倉聖宣著『仮説実験授業のABC－楽しい授業への招待』（仮説社）1800円＋税

仮説実験授業という大変有効な授業法があります。その授業運営法について書かれた本です。とはいえ、仮説実験授業を行わない教師にも、授業づくりのノウハウについて学ぶところが多い本です。読んで気に入ったら、『仮説実験授業―授業書ばねと力によるその具体化』（仮説社2750円＋税）もおすすめです。

参考文献

［ ］内は同書を参考文献とした本書の項目番号

[8]

◎玉田泰太郎『たのしくわかる　理科5年の授業』あゆみ出版，1978年

[13，14]

◎玉田泰太郎「金属の学習（なぜ金属学習か）」『理科教室』1986年8月号

[15，30]

◎宮内主斗・関口芳弘編著　谷川ひろみつ（絵）『クラスがまとまる理科のしごとば 下――教材の準備と授業のすすめ方』星の環会，2013年

[20，21，23，24，29]

◎宮内主斗・横須賀 篤編著『授業づくりの教科書　理科実験の教科書6年』さくら社，2012年

[25]

◎内山裕之・佐名川洋之編著『解剖・観察・飼育大辞典』星の環会，2007年

[38]

◎井上貫之「火山灰から鉱物を見つける」『RikaTan』2012年冬号

[55]

◎高松 基広『micro:bitであそぼう！たのしい電子工作＆プログラミング』技術評論社，2018年

[59，61]

◎宮内主斗『子どもが育つ5つの原則――特別支援教育の視点を生かして』さくら社，2017年

[60]

◎宮内主斗『理科授業づくり入門（THE教師力ハンドブック）』明治図書出版，2015年

[62]

◎宮内主斗編著　谷川ひろみつ（絵）『クラスがまとまる理科のしごとば 上――授業づくり・学級づくり』星の環会，2013年

[63]

◎玉田泰太郎『理科授業の創造─物質概念の基礎を教える』新生出版，1978 年
◎土作彰『絶対に学級崩壊させない！ ここ一番の「決めゼリフ」』明治図書出版，2013 年

注：科学教育研究協議会 編『理科教室』は出版者が変遷しています。 国土社 (-v. 16, no. 4) → 新生出版 (v. 16, no. 5-44 巻 3 号) → 星の環会 (44 巻 4 号 -50 巻 3 号) →日本標準 (50 巻 4 号 -58 巻 9 号) 。以降 2020 年現在は本の泉社。

◆編著者・執筆者紹介

［　］内は執筆項目番号

編集・執筆代表

宮内 主斗 (みやうち きみと)

茨城県公立小学校教諭

特別支援教育に携わりながら、たのしくわかる理科の授業をどう創るかに興味を持っています。著書に『理科授業づくり入門』（明治図書出版）、『子どもが伸びる５つの原則』『子どもが育つ５つの原則』（さくら社）、編著『特別支援教育のノウハウを生かした学級づくり』『クラスがまとまる理科のしごとば』『おもしろ理科こばなし』（星の環会）、『教科書と一緒に使える小学校理科の実験・観察ナビ』(日本標準)他多数

［８，13，14，29，第５章コラム，35，46，第８章コラム，47-49，第９章コラム，第10章扉，59-63，65］

６年編集・執筆代表

横須賀 篤 (よこすか あつし)

埼玉県公立小学校教諭

理科全般に興味をもって、教材開発をしています。独立行政法人国際協力機構（JICA）短期シニアボランティアとして、南アフリカ共和国で科学教育支援を経験したり、JAXAの宇宙教育派遣で、アメリカヒューストンに行ったりしました。

［第１章扉＋コラム，１-７，11，第２章扉＋コラム，16-18，第３章扉＋コラム，第４章扉＋コラム，25，26，第５章扉，第６章扉＋コラム，39，第７章扉＋コラム，40，41，43-45，第８章扉，第９章扉，50-54，56-58，64］

執筆者（五十音順）

井上 貫之 (いのうえ かんじ)

理科教育コンサルタント

元青森県公立小・中・高等学校教員、公益財団法人ソニー教育財団評議委員。科学が好きな子どもを育てるために様々な活動をしています。著書に『親子で楽しく星空ウオッチング』(JST)、共著『クラスがまとまる理科のしごとば』(星の環会)、『たのしい理科の小話事典』（東京書籍）、『話したくなる！つかえる物理』『もっと身近にあふれる「科学」が３時間でわかる本』(共に明日香出版)他多数。

［15，30，38］

中嶋 久 (なかじま ひさし)

元北海道公立小学校教員

科学教育研究協議会ＨＯＨ(函館･渡島･檜山)理科サークル会員。地域にこだわった実践に力を入れてきました。ＨＯＨでの実験教室の他、函館国際科学祭の一環として、科学の祭典、ジオ・フェスティバルの運営にも関わってきました。 共著『道南の自然を歩く』（北海道大学図書刊行会）『理科の学ばせ方・教え方事典』（教育出版）他。ホームページ「渡島半島の自然を訪ねて」（http://nature.blue.coocan.jp/）

［20-22，24，27，28］

野末 淳（のずえ じゅん）

科学教育研究協議会会員
埼玉小学校理科サークルで、小学校の理科の授業づくりについて研究しています。学習が進めば進むほど楽しくなる理科の授業をめざしています。
[31]

野呂 茂樹（のろ しげき）

青森県板柳町少年少女発明クラブ顧問
元高校理科教員、現在は子ども向けの科学教室や小中学校への出前授業の講師を楽しんでいる後期高齢者です。毎月ホームページ（http://noroshigeki.web.fc2.com）を更新し、科学工作や科学マジックを紹介しています。科学工作は、前回の『理科実験の教科書』に載せた「月の満ち欠け」「ドラミング・きつつき」や今回掲載した「地層のでき方」などが現場の先生方や児童に好評です。科学マジックは、理科や算数／数学の内容をマジック風に展開、謎解きがとても盛り上がります。著書『先生はマジシャン１〜３』（連合出版）、共同執筆は多数。
[36，37]

平川 秀徳（ひらかわ ひでのり）

大分県公立小学校教諭
ICT を授業にうまく使えないかと iPad を使って授業を考えています。最近はプログラミング教育にも興味を持ってロボットを購入し、ドローンでの撮影も行いながら空撮の利用もいいなと思っています。
[42]

平松 大樹（ひらまつ たいき）

北海道公立小学校教諭
公立中学校教員を経て、現職。地域の子ども達に科学の楽しさを感じてもらいたいと思い、地域の科学館での実験教室、科学の祭典への参加、子ども食堂での工作教室などを行っています。GEMS(Great Explorations in Math and Science) リーダー。共著に『図解　身近にあふれる「科学」が 3 時間でわかる本』（明日香出版社）、『おもしろ理科こばなし』（星の環会）など。
[19，55]

宮内金司（みやうち きんじ）

茨城県牛久市理科支援員
「楽しく分かる理科」を目指し、工夫を重ねながら授業のお手伝いをしています。その中で地域の自然を観察し記録することを細々と続け、写真展示やホームページ『いきもの大好きな子どもたち』で紹介しています（http://nature.kids.coocan.jp）。著書に分担執筆で『このは №5 魅せる紅葉』（文一総合出版）、『果物学』（東海大学出版会）など。
[23]

八田 敦史（やつだ あつし）

埼玉県公立小学校教諭
科学教育研究協議会会員
月刊『理科教室』編集委員
公立小学校で理科専科を務める傍ら、埼玉小学校理科サークルで授業プランづくりや実践検討を行っています。学ぶことで子どもの世界が広がる理科授業をめざしています。
[９，10，12]

横山 光（よこやま ひかる）

北翔大学教育文化学部教授
北海道内の公立中学校理科教員を経て現職。現在、小学校教員の養成に携わっています。地学領域、特に火山が専門で、安い、簡単、わかりやすい実験教材作成がほとんど趣味となっています。最近は、野外を案内しながら行うフィールド実験の開発に力を入れています。
[32-34]

授業づくりの教科書

[新版] 理科実験の教科書〈6年〉

2012年5月 5日　初版発行
2020年8月15日　新版発行

編著者　宮内主斗・横須賀 篤
発行者　横山験也
発行所　株式会社さくら社
〒101-0051　東京都千代田区神田神保町2-20 ワカヤギビル507号
TEL：03-6272-6715 ／ FAX：03-6272-6716
https://www.sakura-sha.jp　郵便振替 00170-2-361913

イラスト　鈴木ほたる
ブックデザイン　佐藤　博　　装画　坂木浩子
印刷・製本　中央精版印刷株式会社

ISBN978-4-908983-40-5　C0037